Fichier de lecture **CM1**

W0415929

Je lis seul, tu lis seule...

Véronique Calle
Professeur des écoles

Frédéric Consavela
Professeur des écoles

Patricia Nosrée
Professeur des écoles

Sandrine Saison-Marsollier
Conseillère pédagogique

Laurence Ferrand
Psychologue, bibliothécaire

Henri Montmayeur
Conseiller pédagogique

Nathan

Sommaire

1. Observe.

Le jardin de Giverny

1. Claude Monet, *Le Bassin aux nymphéas, Harmonie verte*, jardin de Giverny, 1899. Musée d'Orsay, Paris.

2. Complète avec les éléments qui conviennent.

Le document 1 est un .... peint par .... tandis que le document 2 est une .... Les deux représentent le jardin de .... Les plantes qui flottent sur l'eau sont des ....

2. Photographie du jardin de Giverny.

Jardins d'hie

Dans l'Antiquité, l'Égypte, la Chine, la Grèce, la Mésopotamie et encore la Perse cultivent l'**art du jardin**. Puis l'Empire romain diffuse les connaissances en la matière vers l'Europe du Nord.

À partir du IVe siècle, les moines cultivent des plantes comestibles ou médicinales dans les **potagers** des monastères. Les jardins sont alors enclos à l'intérieur de murailles.

Un jardin potager →

Un jardin « à la française », Villandry

Il faut attendre le XIVe siècle pour que le jardin s'ouvre sur la nature. Des architectes français et italiens dessinent des jardins pour les palais et les châteaux qu'ils construisent. Ils se caractérisent par des **formes géométriques** et des **bassins**. On les appelle « **jardins à la française** ».

3. Pour chaque élément, indique l'époque qui convient.

- Jardin « à l'anglaise » : ....
- Naissance de l'art du jardin : ....
- Diffusion de l'art du jardin en Europe du Nord : ....
- Culture des jardins potagers par les moines : ....
- Création des jardins japonais : ....
- Apparition des jardins « à la française » : ....
- Naissance des jardins botaniques : ....

1. Lis.

Quitter un appartement. Vider les lieux.
Décamper. **Faire place nette**. Débarrasser le plancher.
Inventorier ranger classer trier
Éliminer jeter **fourguer**
Casser
Brûler
Descendre **desceller** déclouer décoller dévisser décrocher
Débrancher détacher couper tirer démonter plier couper
Rouler
Empaqueter emballer sangler nouer empiler rassembler
Entasser ficeler envelopper protéger recouvrir entourer serrer
Enlever porter soulever
Balayer
Fermer
Partir.

Georges Perec, *Espèces d'espaces*,
© Éditions Galilée, 1974/2000.

2. À l'aide d'un dictionnaire, coche la bonne réponse.

Faire place nette, c'est :

- ☐ repeindre les lieux.
- ☐ vider les lieux.

Inventorier, c'est :

- ☐ inventer une histoire.
- ☐ faire la liste des objets, meubles, etc.

Fourguer, c'est :

- ☐ donner ou vendre ce dont on veut se débarrasser.
- ☐ ranger.

Desceller, c'est :

- ☐ découvrir.
- ☐ décrocher, détacher, ouvrir.

L'aspirateur glouton

Assis sur des petites chaises pliantes devant leur maison, monsieur et madame Dent et leur fille Caroline admiraient le camion-aspirateur qui était en train de tout nettoyer chez eux.

Il était si puissant que, du vestibule, il parvenait à aspirer la poussière nichée derrière les meubles du premier étage et même celle qui dormait au grenier.

– Votre machine est épatante, monsieur, dit madame Dent en se tournant vers Marcel, le chauffeur du camion-aspirateur.

– Oh ! Ce que vous voyez en ce moment, ce n'est rien ! dit Marcel. Mon aspirateur peut nettoyer une maison deux fois plus grosse que la vôtre : il a un appétit formidable !

– Deux fois plus grosse que la nôtre ? C'est extraordinaire ! dit madame Dent.

– Et je l'arrête avec ce petit doigt, ajouta fièrement Marcel, en montrant son petit doigt… Eh bien, je crois que mon aspirateur a terminé. Je vais l'arrêter, dit Marcel, sûr de lui. Regardez bien. Il abaissa le levier et… rien ne se produisit. Il recommença, sans résultat.

– Que se passe-t-il ? dit Marcel.

Il tira fébrilement sur plusieurs manettes mais le camion-aspirateur aspira de plus belle.

– Ce n'est rien, ce n'est rien, dit Marcel énervé, à madame et monsieur Dent qui commençaient à être très inquiets.

Et soudain, le camion-aspirateur se mit à ronfler, à vrombir et à avaler les meubles qui se trouvaient dans le vestibule, puis dans le salon, puis dans la salle à manger.

Le porte-parapluies dans l'entrée fut gobé le premier. La pendule suivit aussitôt après. Ensuite, ce fut la télévision, le buffet, les chaises, les fauteuils. Et en quelques secondes, tout ce qui était dans la maison fut englouti par le camion-aspirateur.

3. Relève les noms de cinq meubles ou accessoires que le camion aspire.

....

....

....

....

....

4 Les noix

1. Lis.

La chouette

Dans un grand noyer habitait une chouette. C'est elle qui nous dénonçait à l'oncle Théodore quand nous avions mangé des noix. Vous ne me croyez pas ? Je vous supplie d'entendre mon histoire.

On nous avait donc défendu de manger des noix, sinon[1] au dessert ; et l'oncle Théodore nous avait dit gravement :

« Si vous désobéissez, je serai prévenu par la chouette, qui est **vigilante**. Elle habite le noyer. Vous ne la voyez pas mais elle vous voit, et si vous prenez une seule noix, dès que vous oserez arracher cette peau épaisse et verte qui enveloppe la coquille, elle vous lancera sur les doigts l'un de ses regards redoutables et je saurai tout. »

Nous étions fort **interdits**. Pendant plusieurs jours, nous n'osâmes toucher à ces fruits défendus. Mais il nous vint ensuite à l'idée que l'oncle, pour nous effrayer, avait sans doute exagéré beaucoup le pouvoir de la chouette. Au demeurant, cet oiseau devait se soucier assez peu de faire punir des enfants qu'elle ne connaissait que de vue. Bref, un soir affreux, mon oncle, à table, considérant mon pouce et mon index :

« La chouette, dit-il, a regardé tes doigts ! Le feu de son œil les a noircis. Qu'as-tu fait ? »

J'avouai en pleurant.

Ne me dites pas que c'est la peau des noix qui a fait de telles taches. Je le sais maintenant. Je l'ignorais alors.

L'année suivante, sous l'arbre, et redoutant toujours le regard dangereux, je mis les vieux gants de mon oncle et constatai le soir, délicieusement, que les yeux de l'oiseau ne perçaient pas le cuir.

Tristan Derème, « *La Chouette* », *in 100 poèmes choisis*, © Atlantica, 2004.

1. sinon : sauf

2. À l'aide d'un dictionnaire, explique les phrases suivantes.

- La chouette est **vigilante**.

....

- Nous étions fort **interdits**.

....

....

3. Réponds aux questions suivantes.

- Quelle est la ruse trouvée par l'oncle Théodore pour que son neveu ne cueille pas de noix ?

....

....

....

- Qu'est-ce qui trahissait l'enfant quand il cueillait des noix ?

....

....

- Quelle solution a-t-il trouvée pour éviter de se faire punir quand il cueillait des noix ?

....

....

4. Recopie le passage qui indique que les enfants pensent que l'oncle a exagéré le pouvoir de la chouette.

....

....

....

....

5 Les monnaies

1. Lis et observe.

L'euro

Ci-dessous, tu peux voir des pièces, des billets et un chèque en euros. Cette monnaie a été mise en circulation le 1er janvier 2002, en France ainsi que dans 11 autres pays de l'Union européenne.
En 2002, en France, on a mis en circulation 6,5 milliards de pièces soit 30 000 tonnes (4 fois le poids de la tour Eiffel).

2. Coche ce qui peut être utilisé pour régler un achat.

- un billet de banque ☐
- un ticket de caisse ☐
- un carnet de chèques ☐
- un billet de loterie ☐
- une carte de crédit ☐
- une carte de visite ☐
- une pièce de monnaie ☐
- un carnet de timbres ☐

Un peu d'histoire

Dans les anciennes sociétés, on pratiquait le troc : on échangeait un objet contre un autre. Dans certaines régions d'Afrique, on utilisait comme monnaie des coquillages appelés « cauris ».

En Égypte, on se servait d'anneaux. Dans la vallée de l'Indus, de barres de cuivre. Dès le VIIe siècle avant Jésus-Christ, on a utilisé des pièces de bronze et de cuivre.

En 550 avant Jésus-Christ, Crésus, dernier roi de Lydie, s'est rendu célèbre en frappant, le premier, des pièces d'or et d'argent. Il nous a laissé en héritage l'expression « riche comme Crésus ».

Ces monnaies étaient lourdes à transporter. Brigands et voleurs rançonnaient les voyageurs. Aussi, au XVIe siècle, les banquiers délivrèrent à leurs clients des papiers affirmant qu'ils possèdaient une certaine quantité d'or. Mais on ne pouvait laisser chaque banque créer ses propres papiers-monnaie.

6 Le cinéma

1. Lis.

L'invention du cinéma

L'invention du cinématographe est attribuée aux frères **Auguste et Louis Lumière** mais elle est l'aboutissement d'une recherche qui dura près d'un siècle.

La première projection publique et payante du cinématographe a eu lieu le 28 décembre 1895 à Paris. Les **films** présentés étaient courts, **muets et en noir et blanc**. Ils impressionnèrent beaucoup les spectateurs. Certains furent si effrayés par l'arrivée du train en gare de La Ciotat, filmée par les frères Lumière pendant leurs vacances, qu'ils se cachèrent derrière leurs fauteuils !

Nombreux sont ceux qui se lancent ensuite dans l'aventure du cinéma. Avec *Le voyage dans la Lune*, en 1902, **Georges Méliès** est le premier à utiliser des **décors**, des **costumes** et un **éclairage artificiel**. Il fait également construire le premier **studio** de cinéma et invente les premiers trucages.

Peu après 1900, les premières **salles de cinéma** apparaissent. Il faut attendre le 6 octobre 1927 pour que les Américains projettent le premier **film parlant**, *Le chanteur de jazz*, et 1932 pour visionner le premier film de Walt Disney en couleur.

Georges Méliès, *Le voyage dans la Lune*, 1902

2. Réponds aux questions.

- Qui est à l'origine de l'invention du cinématographe ? ....
- Quand et où a eu lieu la première projection publique du cinématographe ?
....
- Comment étaient les premiers films présentés ? ....
....
- Qui a utilisé pour la première fois les costumes et les décors au cinéma ?
....
- Quel est le titre du premier film parlant ? ....

Affiche de film

Un film de Chris Colombus d'après le roman de J. K. Rowling, 2001.

1. Lis.

Histoire de la piraterie

Les brigands des mers

Les pirates sont de véritables bandits qui s'attaquent, même en temps de paix, aux navires de toute nationalité.

Certains d'être pendus s'ils sont pris, les pirates sont des combattants farouches et sans pitié. Leurs embarcations, sloops, brigantins ou frégates, légères et rapides, leur permettent de rattraper les lourds vaisseaux dont ils convoitent la cargaison.

Extrait du film de Gore Verbinski, *Pirates des Caraïbes : la malédiction de Black Pearl*, 2002

L'âge d'or de la piraterie

Bien qu'elle existe depuis longtemps, c'est surtout après la découverte de l'Amérique (en 1492) que la piraterie se développe. Pour attaquer les navires marchands qui transportent vers l'Europe les richesses du Nouveau Monde, les pirates s'installent dans les îles des Antilles d'où ils peuvent fondre sur leurs adversaires et où ils se réfugient avec leur butin.

Deux célèbres pirates

Barbe-Noire, Edward Teach de son vrai nom, écume les mers le long des côtes américaines au début du XVIIIe siècle. Pour terrifier ses adversaires, il allume, avant le combat, les deux extrémités d'une mèche qu'il plante dans sa chevelure. Traqué par la marine anglaise, il meurt transpercé de coups et sa tête est pendue au haut d'un mât.

Rackham le Rouge, appelé aussi Calico Jack, aime les vêtements de couleur vive, rouges surtout. Il se rend célèbre au début du XVIIIe siècle en partageant sa vie avec une femme-pirate, Anne Bonny, qui monte à l'abordage et croise le fer avec les hommes.

Petit lexique

- **Boucanier.** Au XVIIe siècle, dans l'île de Saint-Domingue, des aventuriers chassent le bœuf pour « boucaner » sa viande, c'est-à-dire la faire sécher pour la conserver. On les appelle des « boucaniers ». Beaucoup d'entre eux deviennent pirates.

- **Flibustier.** Ce mot vient de l'anglais *flibutor*. Les marins français utilisent ce mot en le changeant en « flibustier ». La flibuste, c'est la société des pirates ou flibustiers.

- **Frégate.** Navire préféré des pirates, elle est souvent prise à l'adversaire. De 20 à 50 tonnes, elle transporte un équipage moyen de 200 hommes.

- **Jolly Roger.** Dans les pays de langue anglaise, c'est le nom donné au drapeau noir à tête de mort que les pirates hissent avant l'abordage. Chaque capitaine pirate a le sien, différent des autres.

Maquette de frégate

L'abordage

Lorsqu'il a repéré sa proie, le bateau des pirates s'en approche le plus rapidement possible, parfois de nuit. Quand les deux bateaux se trouvent bord à bord, les pirates lancent des cordes munies de crochets sur le navire adverse. C'est l'abordage !

Armés jusqu'aux dents, les pirates attaquent au sabre, au poignard ou à la hache d'abordage et déchargent à bout portant fusils et pistolets. Les marins savent que les pirates ne font pas de quartier. Aussi combattent-ils avec l'énergie du désespoir : les pirates ne sont pas toujours vainqueurs.

2. Trouve dans le texte de la *page 1* le nom de trois vaisseaux utilisés par les pirates.

....

3. Vrai (V) ou faux (F) ? Écris V ou F.

- La piraterie est apparue avec la découverte de l'Amérique. ☐
- Les pirates furent nombreux dans les îles des Antilles. ☐
- Les pirates capturés étaient à peu près sûrs d'être pendus. ☐
- Les « boucaniers » sont des pirates apparus au XVIe siècle. ☐
- On pense que Rackham le Rouge se nommait en réalité Edward Teach. ☐
- Il a existé des femmes-pirates. ☐
- Les navires des pirates étaient de lourds vaisseaux. ☐

4. De quel pirate s'agit-il ?

L'un de ces six hommes est Willy Kidd, un fameux pirate.

Au cours d'un abordage, un boulet lui a emporté la jambe droite et il a perdu son œil gauche dans une bagarre avec un autre flibustier.

Il ne se sépare jamais de son grand chapeau de feutre lavé par les embruns. Il n'a gardé qu'un seul ami, son perroquet Jacko, qui se tient toujours perché sur son épaule.

L'as-tu reconnu ?
Bravo !
C'est le numéro ☐

La piraterie moderne

De nos jours, les pirates existent encore, principalement en Asie du Sud, en Amérique du Sud et en mer Rouge.

Ils attaquent les bateaux de pêche, les navires de ravitaillement et les cargos, dont les équipages se réduisent à quelques marins ; ils dérobent les affaires personnelles de l'équipage, s'emparent parfois des marchandises ou demandent une rançon.

Il arrive même que les pirates se débarrassent de l'équipage et emmènent le navire dans un port afin de changer son identité et de le revendre.

Les pirates se déplacent dans des embarcations légères et rapides, sont armés de fusils d'assaut et utilisent toutes les technologies modernes (téléphones mobiles, localisation par satellite, hors-bords, etc.).

Le nombre d'attaques pirates dans le monde a triplé entre 1993 et 2003. Il est aujourd'hui stable car on a équipé les bateaux de systèmes d'alarmes par satellites.

5. Complète ces phrases.

1. On trouve des pirates en .... du Sud et en .... du Sud.
2. Les équipages des cargos sont composés de .... marins.
3. Certains pirates utilisent les technologies les plus ....
4. Le nombre d'attaques pirates dans le monde s'est multiplié par .... entre 1993 et 2003.

Le sais-tu ?

Les mots pirates et piratages ont des sens plus récents :
- on parle de « pirates de l'air » pour désigner les gens qui détournent les avions ;
- on parle de pirates et de piratages informatiques pour qualifier ceux qui se procurent ou modifient des informations, des sites ou des programmes informatiques grâce aux ordinateurs.

Prénom ....

Tes résultats ☐ ☐ ☐

3. Quel film représente cette affiche ?

....

4. Décris cette affiche en quelques lignes (personnages, décor, couleurs...).

....

....

....

....

....

....

....

....

....

5. Imagine à ton tour l'affiche d'un film. Dessine-la.

Les angles de prise de vue

La plongée

Le spectateur semble au-dessus des personnages du film. Il a l'impression de les dominer.
Cet angle de vue peut servir à créer un effet spectaculaire, à montrer le danger ou la situation de faiblesse d'un personnage.

La contre-plongée

Le spectateur semble au-dessous des personnages du film.
Cette position en contrebas donne une supériorité au personnage et au décor qui « écrasent » le spectateur. Cet angle de vue montre souvent la puissance du héros.

6. Quel angle de vue choisirais-tu pour filmer les éléments suivants ? Entoure ta réponse.

Le caractère imposant de la tour Eiffel.	plongée	contre-plongée
Un homme perdu dans la foule.	plongée	contre-plongée
Une course d'escargots.	plongée	contre-plongée
Une descente à ski vertigineuse.	plongée	contre-plongée

Prénom ....

Tes résultats ☐ ☐ ☐

Au XVIIIe siècle, les États ont cherché à prendre le contrôle de la fabrication de ces papiers. Dans chaque pays, une seule banque a été autorisée à créer des billets : la Banque de France, la Banque d'Angleterre…

À leur tour, les billets ont paru encombrants, faciles à voler, à perdre ou à reproduire. Les faux-monnayeurs (fabricants de fausse monnaie) se sont multipliés. Alors, on a créé le chèque. Et puis la carte en plastique est apparue. Un système de repérage magnétique la rend plus sûre que la signature en bas d'un chèque.
De plus en plus d'achats se font sur Internet. Il existe différents moyens de paiement électronique pour régler les achats.

3. Coche ce qui est vrai.

Pratiquer le troc, c'est échanger :

- ☐ une chose contre une petite somme d'argent.
- ☐ une chose contre une autre chose, sans utiliser d'argent.
- ☐ une monnaie contre une autre monnaie.

Les premières pièces ont été utilisées :

- ☐ bien avant le VIIe siècle avant Jésus-Christ.
- ☐ dès le VIIe siècle après Jésus-Christ.
- ☐ dès le VIIe siècle avant Jésus-Christ.

Crésus fut :

- ☐ le premier roi de Lydie.
- ☐ le premier à utiliser des pièces de monnaie.
- ☐ le premier à frapper des pièces d'or.

Frapper une monnaie, c'est :

- ☐ la marquer d'une empreinte permettant d'en reconnaître l'origine et la valeur.
- ☐ la battre à coups de marteau pour lui donner une forme plate.
- ☐ la faire sonner sur une masse métallique pour vérifier si elle est vraie ou fausse.

Un faux-monnayeur est une personne qui :

- ☐ prétend travailler à la Banque de France.
- ☐ fabrique de la fausse monnaie.
- ☐ transforme les billets en papier sans valeur.

Le chèque bancaire :

- ☐ ne remplace pas les pièces de monnaie.
- ☐ doit être signé par l'utilisateur.
- ☐ est plus sûr que la carte de paiement.

Monnaies étrangères

4. Retrouve la monnaie d'après sa description.

Sur le billet on peut voir :	Nom de la monnaie
une des tours du Kremlin, siège du gouvernement.	....
George Washington, premier président des États-Unis.	....
la carte de l'Europe et un pont roman.	....
le Mahatma Gandhi, grand penseur indien.	....
la reine Élisabeth II d'Angleterre.	....
le portrait de Mao Zedong, fondateur de la République populaire de Chine en 1949.	....

La roupie est la monnaie de l'Inde.

L'euro est la monnaie de l'Union européenne dont la France.

La livre est la monnaie de la Grande-Bretagne.

Le dollar est la monnaie des États-Unis.

Le rouble est la monnaie de la Russie.

Le yuan est la monnaie de la Chine.

Prénom .... **Tes résultats** ☐ ☐ ☐

Noix de…

5. Relie chaque définition à la noix qui lui correspond.

Son nom vient du scientifique John Macadam. On la trouve dans les crèmes glacées. •	• noix de coco (cocotier)	
On la grignote à l'apéritif. •	• noix de muscade (muscadier)	
On peut boire son eau. On cuisine avec son lait. •	• noix de cajou (anacardier)	
Râpée, cette noix parfume et donne de la saveur aux plats. •	• noix de macadamia (noyer du Queensland)	

Le sais-tu ?

Tout est bon dans la noix !

- La peau verte des noix s'appelle le brou. Avec le brou, on fabrique un liquide brun utilisé pour teindre le bois.
- On extrait de l'huile des noix. Il faut environ 6 kg de noix pour obtenir 2 kg de cerneaux qui donneront 1 litre d'huile.
- On déguste les cerneaux nature, en salade ou dans les fruits déguisés.
- Avec la coquille, tu peux faire des petits bricolages. Regarde la page suivante !

Fabrication d'une grenouille coassante

6. Complète cette fiche de bricolage avec les verbes suivants.

prends – attache – traverse – fais – découpe – recouvre – colles

1. .... une demi-coquille de noix vide. .... un morceau de papier fort à la dimension exacte du dessus de la coquille.

2. .... le papier à peu près en son milieu avec un fil. .... un nœud. .... la coquille avec le papier que tu .... sur les bords (le nœud se trouve donc à l'intérieur).

3. .... le fil à un bâton après avoir fait une gorge[1] bien lisse à l'une des extrémités.

4. .... la gorge et fais tourner la coque avec le bâton.
Ta grenouille va se mettre à chanter.

1. une gorge : un creux réalisé tout autour du bâton.

Prénom ....

Tes résultats ☐ ☐ ☐

Marcel, horriblement embarrassé, bredouilla :

– Euh ! Je crois qu'il y a un petit incident technique…

– Comment, un petit incident technique ! s'écria monsieur Dent. Mais c'est une catastrophe !

Marcel n'eut pas le temps de se lancer dans de grandes explications, car un bruit énorme se fit entendre dans le camion-aspirateur. Ayant avalé un peu trop vite, l'engin était maintenant pris de hoquets affreux. Tout à coup, il vomit tout ce qu'il avait « mangé ». L'ennui, c'est que chaque meuble qu'il recrachait était retourné sur lui-même… comme une chaussette. Ainsi, le canapé était devenu un **pécana**, la commode, une **docomme**, les fauteuils, des **taufeuils**…

DR.

4. Imagine la suite de l'histoire.

....

....

....

....

....

5. Lis et observe.

Mamie chérie,

Je suis ravie : notre nouvelle maison est grande et très agréable. Nous avons chacun notre chambre. Papa et maman occupent la plus grande de la maison. Marco a choisi celle avec un accès direct à la salle de jeux. Moi, j'ai préféré celle avec un balcon. Tu pourras t'installer au rez-de-chaussée, dans la chambre qui donne sur le jardin. Viens vite nous voir. Je te présenterai mes nouvelles copines.

Aline

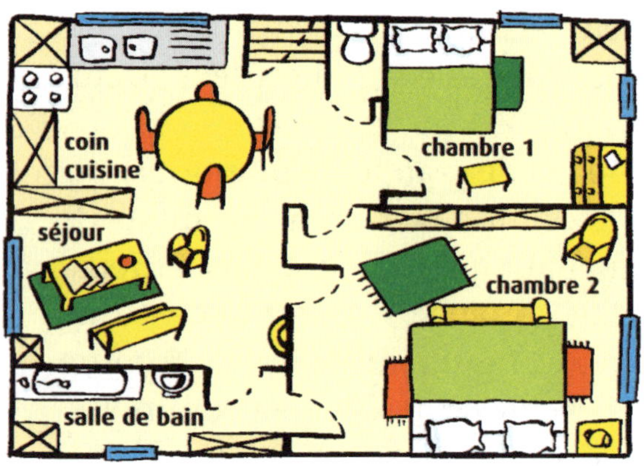

rez-de-chaussée

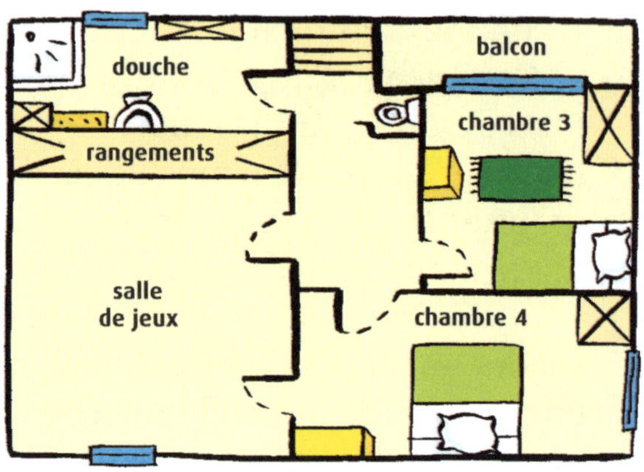

étage

6. Quelle chambre occupent-ils ? Relie...

les parents •	• chambre 1
Mamie •	• chambre 2
Marco •	• chambre 3
Aline •	• chambre 4

Prénom ....

Tes résultats

aujourd'hui

La fin du XVIIe siècle voit naître en Europe un nouveau type de jardin, le **jardin** dit « **à l'anglaise** ». Souvent inspiré par des tableaux de peintres, ce jardin veut se rapprocher du paysage naturel en imitant le **désordre de la nature**.

Un jardin « à l'anglaise », Grampian en Écosse

À la fin du XVIIIe siècle apparaissent deux nouveaux types de jardins :
- en Extrême-Orient, les **jardins japonais** : composés de graviers, de pierres et de rares végétaux, ils entourent les temples et sont destinés à la méditation ;
- en Europe, les **jardins botaniques** : on y cultive des espèces rares pour les étudier.

Un jardin japonais

Le jardin botanique de Vienne, en Autriche

4. Associe chaque jardin à sa définition.

Jardin botanique •	• Jardin à formes géométriques.
Jardin « à la française » •	• Jardin conçu pour imiter le désordre de la nature.
Jardin potager •	• Jardin destiné à la méditation.
Jardin « à l'anglaise » •	• Jardin dans lequel sont cultivées des espèces rares pour les étudier scientifiquement.
Jardin japonais •	• Jardin dans lequel on cultive des légumes ou des plantes médicinales.

Quelques plantes étranges

La nature et les jardins regorgent de curiosités : des fruits ou des légumes aux noms et aux formes étranges ou des plantes aux modes de vie insolites. En voici quelques exemples.

Les cucurbitacées

Ces plantes produisent des fruits aux formes bizarres comme les citrouilles, les potirons, les courges, les coloquintes, les pastèques ou les melons. Certains sont comestibles ; d'autres servent uniquement à la décoration.

Cucurbitacées

Le cactus monstruosus

Les cactus

Ces plantes résistent à la sécheresse. Leurs tiges sont gorgées d'eau et leurs feuilles se sont transformées en épines.

Les plantes carnivores

Ces plantes se nourrissent d'insectes. L'une des plus connues est la dionée qui gobe les mouches en se refermant comme un piège.

La dionée gobe-mouche

5. Vrai (V) ou Faux (F) ? Écris V ou F.

- La citrouille appartient à la variété des cucurbitacées. ☐
- Les cactus ne résistent pas à la chaleur. ☐
- La dionée est un fruit. ☐
- Toutes les cucurbitacées sont comestibles. ☐
- Les plantes carnivores se nourrissent d'insectes. ☐

Prénom ....

Tes résultats ☐ ☐ ☐

Fiches	Types de textes / supports	Domaines
17 La biodiversité	- **Texte documentaire** : Qu'est-ce que la biodiversité ? - **Texte documentaire** : La diversité des espèces et des milieux - **Texte documentaire** : Quelles menaces pèsent sur la biodiversité ?	- Sciences (environnement et monde vivant)
18 La montagne	- **Texte documentaire** : Le toit du monde - **Texte documentaire** : Le recul des glaciers - **Récit** : La randonnée	- Géographie - Sciences
19 La traversée de la Manche	- **Texte documentaire** : Les pionniers - **Texte documentaire** : Quelques aventuriers - **Texte documentaire** : L' Eurotunnel	- Histoire - Géographie
20 Histoires de poids	- **Texte documentaire** : Instruments de pesée - **Bande dessinée** : *Boule et Bill* - **Problème mathématique** : Petit problème de poids	- Sciences (technologie) - Littérature de jeunesse - Mathématiques (grandeurs et mesures)
21 Les poissons	- **Texte documentaire** : Heureux comme un poisson dans l'eau - **Texte documentaire** : S'occuper d'un aquarium - **Texte documentaire** : Poissons tropicaux	- Sciences (monde vivant)
22 Un conte	- **Un conte** : « Un feu d'enfer » de Muriel Bloch	- Littérature de jeunesse
23 La photographie	- **Texte documentaire** : Histoire de la photographie - **Texte documentaire** : Différents types de plans - **Texte documentaire** : Gros plan sur un appareil	- Histoire - Sciences (technologie) - Éducation artistique (arts visuels)
24 L'Amazonie	- **Récit** : Expédition en pirogue sur le fleuve Amazone - **Texte documentaire** : L'Amazonie - **Texte documentaire** : Une région menacée	- Géographie - Sciences (monde vivant, environnement)
25 Les araignées	- **Texte documentaire** : Qu'est-ce qu'une araignée ? - **Texte documentaire** : Des déplacements aériens - **Texte documentaire** : L'araignée tisse sa toile - **Poème** : « L'araignée du goûter » de Pierre Béarn	- Sciences (monde vivant) - Littérature de jeunesse
26 Charlie Chaplin	- **Texte documentaire** : Six films de Charlie Chaplin - **Article de presse** : Charlie Chaplin devient Charlot - **Récit autobiographique** : Un enfant de la balle	- Éducation artistique (arts visuels)
27 Histoires de monuments	- **Texte documentaire** : La tour Eiffel en chiffres - **Photographies** : La construction de la Tour - **Texte documentaire** : Monuments célèbres	- Histoire - Géographie
28 Histoires de rapaces	- **Récit** : Extrait du *Faucon déniché* de Jean-Claude Noguès - **Texte documentaire** : Attention, danger !	- Littérature de jeunesse - Sciences (monde vivant, environnement)
29 Des outils pour écrire	- **Texte documentaire** : Un serviteur modeste, le crayon - **Récit** : Extrait de *Émilie et le crayon magique* de Henriette Bichonnier - **Texte documentaire** : D'autres outils	- Sciences (technologie) - Littérature de jeunesse - Histoire
30 Le football	- **Texte documentaire** : Le football aujourd'hui - **Texte documentaire** : Le ballon de football - **Récit** : Extrait du *Petit Nicolas* de Sempé et Goscinny - **Texte documentaire** : L'histoire du football	- Sport - Littérature de jeunesse - Histoire
31 Les astres	- **Texte documentaire** : Quand Vénus passe devant le Soleil... - **Texte documentaire** : Pauvre monsieur Le Gentil - **Texte documentaire** : Le Soleil - **Interview** : Entretien avec un astronome	- Sciences (le ciel et la Terre)

Crédits photographiques

Fiche 1-2 et 3 : Henera. – **Fiche 2-1 :** Bridgeman Giraudon ; J.-L. Bohin/Explorer/Gamma-Rapho. **2 :** BSIP ; Pictor. **3 :** N. Mioulane/MAP ; Fotogram Stone. **4 :** A. Descat/MAP ; DR. – **Fiche 4-3 h :** Margo555/Fotolia ; **mh :** Alex555/Fotolia ; **mb :** Wonderisland/Shutterstock ; **b :** Jiang/Shutterstock. – **Fiche 5-1 :** Banque Centrale Européenne. **4 :** Comptoir Général Financier. – **Fiche 6-1 :** Ph. Jean-Loup Charmet/Archives Larbor ; Ph. Coll. Archives Larbor/Association Les Frères Lumière/DR ; Ph. Coll. Archives Larbor/DR. **2 :** Photos12.com / Collection Cinéma. **4 :** Photos12.com/Collection Cinéma ; Photos12.com/Collection Cinéma. – **Fiche 7-1 :** Touchstone Picture/Album/AKG Paris ; Costa/Leemage ; DR. **2 :** Joël W. Rogers/Corbis ; Ted Strehinsky/Corbis. **4 :** Jean-Claude Thuillier/REA. – **Fiche 8-1 :** Alfred/DPPI-Sipa. **3 h :** Kal Pfaffen-bach/Reuters ; **b :** P. Cunningham/ Us Presswire/Press sports. – **Fiche 12-2 :** PhotowoodInc./Corbis. **3 :** Photodisc (pour les 4 photographies). **4 :** Michel Gounot/Godong/Photononstop. – **Fiche 14-1 :** Matt Alexander/Bios ; A. Thaïs/Bios ; Frank Lane Picture Agency/Corbis ; DR ; Pablogalan/Jacana/Hoa-Qui/Gamma-Rapho ; Archiv Berlin/Sunset ; Denis Bringard/ Sunset ; Silvestris/Sunset ; A. Philippon/Explorer/Hoa-Qui/Gamma-Rapho. **2 :** Gabriel Ciscardi/Fotolia. **4 :** Bridgeman Giraudon/M. Denis © ADAGP Paris 2005. – **Fiche 15-1 :** Natalilap/Shutterstock. **2 :** Ph. Coll. Archives Larbor/DR. – **Fiche 17-1 :** DR. **2 :** Wolfgang Kaehler/Corbis ; Science Photo Library/Cosmos ; Etienne Sipp/Jacana/Hoa-Qui/Gamma-Rapho. **3 :** Bernard Dubreuil/Bios ; Claudius Thiriet/Hoa-Qui/Gamma-Rapho ; Bristol City Museum/Nature PL/Jacana/Hoa-Qui/Gamma-Rapho. – **Fiche 18-2 :** Jean-Gilles Berizzi/RMN-Grand-Palais ; Galen Rowell/Corbis. **3 :** Goodshoot. **4 :** VRD/Fotolia. – **Fiche 19-1 :** Ph. Coll. Archives Larbor/DR. **2 et 3 :** DR. – **Fiche 20-1 :** Magalice/Fotolia ; **hmg :** De Agostini/Leemage ; **hmd :** Microprisma/Shutterstock ; **hd :** Eric Gerrard/Istockphoto ; **bg :** Mealleluc/Fotolia ; **bmg :** Daneger/Istockphoto ; **bmd :** Unclesam/Fotolia ; **bd :** Bernard Maurin/Fotolia. – **Fiche 21-1 :** François Gilson/Bios. **4 hg :** DR ; **hd :** Daniela Dirscherl/Water France/Bios ; **mg :** Lilithlita/Fotolia ; **md :** Peter Leahy/Shutters-tock ; **bg :** Boris Katsman/iStockphoto ; **bd :** Arie v.d. : Shutterstock. – **Fiche 23-1 :** Boyer/ Roger-Viollet ; Harlingue/Roger-Viollet ; Photodisc ; Sony. **3 :** Gamma-Rapho ; Coll. Archives Larbor/DR ; DR ; M. Schoenehl/Diaf ; Ch. Mason/BSNY/Rapho. **4 :** Sony. – **Fiche 24-1 :** Yann Arthus-Bertrand/Corbis. **3 :** Cyril Ruoso/Bios. **4 :** Yann Arthus-Bertrand/Altitude. – **Fiche 25-1 :** Gerg Ludwig/Cosmos. **2 :** Digital Stock ; J.-M Labat et P. Rocher/Phone. – **Fiche 26-1 :** Ph. Coll. Archives Larbor/Roy Export Company Establishment (pour les 6 photographies). **2 :** Coll. Roger-Viollet. – **Fiche 27-1 :** Photodisc. **3 :** DR. **4 hg :** Sculpies/Shutterstock ; **hmg :** Goodshoot ; **hmd :** Photodisc ; **hd :** Photo-disc ; **b :** Goodshoot. – **Fiche 28-4 :** IBO/Sipa. – **Fiche 29-1 :** Denis Nata/Shutterstock. – **Fiche 30-2 :** Ph. Jacques Bottet/Ar-chives Larbor. **4 :** Keystone/Gamma-Rapho. – **Fiche 31-2 :** Trace/NASA ; NASA. **3 :** ESA/Soho-EIT team/Coll. Archives Larbor.

Coordination éditoriale : Laurence Michaux
Édition : Élisabeth Moinard
Coordination artistique : Léa Verdun, Domitille Pautonnier
Maquette intérieure : Jehanne-Marie Husson
Adaptation maquette et mise en page : Typo-Virgule
Illustrations : Florence Delclos, Juliette Levéjac, Frédérique Vayssières, Bérangère Delaporte (couverture)
Iconographie : Laurence Vacher, Claire Balladur
Couverture (conception et réalisation) : Favre et Lhaïk

ISBN 978.2.09.122575.3

Achevé d'imprimer en France par Corlet, Imprimeur, SA. - 14110 Condé-sur-Noireau
N° d'éditeur : 10241634 - Dépôt légal : novembre 2017

8 Les jeux Olympiques

1. Lis.

La flamme

La flamme olympique vient d'Olympie, en Grèce. Elle est allumée quelques mois avant l'ouverture des jeux Olympiques (JO) comme on le faisait dans l'Antiquité : à l'aide d'un miroir qui capte les rayons du soleil.

La flamme est ensuite transmise par relais depuis Olympie jusque dans la ville du monde où vont se dérouler les Jeux. Les relayeurs se déplacent généralement à pied mais d'autres modes de transport sont prévus : vélo, voiture, train, cheval, bateau, canoë...

Cérémonie d'ouverture des XXIXe jeux Olympiques, Pékin (Chine), 2008

Certains transports de la flamme sont extraordinaires. Ainsi, en 2004, une course par relais de 78 jours a été organisée. La torche a parcouru 78 000 km en passant entre les mains de 11 300 porteurs.

En 2008, la flamme a été transportée au sommet de l'Everest, à 8 848 m d'altitude, protégée du manque d'oxygène par une lampe de mineur spéciale.

C'est généralement un champion ou un jeune sportif du pays organisateur qui effectue le dernier relai. La flamme est déposée dans un grand récipient (une vasque) où elle brûlera jusqu'à la fin des jeux Olympiques. Elle est éteinte le dernier jour des JO.

2. Complète.

- **D'où la flamme part-elle ?** ....
- **Comment la flamme est-elle allumée ?** ....

....
- **Cite cinq modes de transport de la flamme.** ....

....

....
- **Où la flamme brûle-t-elle pendant toute la durée des jeux ?** ....

....

Le drapeau

3. Lis.

Le drapeau olympique est sur fond blanc sans bordure. Les cinq anneaux représentent les cinq continents : bleu pour l'Europe, jaune pour l'Asie, noir pour l'Afrique, vert pour l'Océanie et rouge pour l'Amérique.

Les anneaux olympiques sont entrelacés pour symboliser la rencontre des athlètes du monde entier et l'union des cinq continents.

Le drapeau flotte au-dessus du stade pendant toute la durée des jeux. Il est ensuite remis à la ville organisatrice des jeux suivants.

4. Colorie le drapeau à l'aide des consignes suivantes. Indique le nom des continents.

- Le noir ne touche ni le bleu, ni le rouge.
- Le jaune est en bas à gauche du vert.
- Le bleu est en haut à gauche.
- Le rouge est à droite du noir.

5. Les jeux Olympiques ont lieu tous les quatre ans.

Écris les dates des cinq jeux à venir.

2012 ....

Les jeux ont lieu en hiver et en été. Connais-tu le lieu des jeux d'été en :

– 2012 .... – 2016 .... ?

1. Lis.

Kidpaddle

Midam © Dupuis, 1998.

2. Coche la bonne réponse.

Que fait Kid, le garçon de l'histoire ?

- ☐ Il se déguise pour Carnaval.
- ☐ Il joue avec sa console de jeux vidéo.

À quel genre de jeu joue Kid ?

- ☐ Il collectionne les images.
- ☐ Il fait avancer un personnage gaulois.

À ton avis, que veut la sœur de Kid ?

- ☐ Faire ses devoirs d'histoire.
- ☐ Jouer enfin à son tour à la console.

Comment se lit cette histoire ?

- ☐ En lignes, dans le sens horizontal.
- ☐ En colonnes, dans le sens vertical.

Pour faire une bande dessinée

L'histoire est d'abord écrite, c'est le **scénario** de la bande dessinée.
Le scénario est ensuite découpé en « scènes » : on décide de ce qui se passera dans chaque case et on indique le texte qui figurera dans chaque bulle.
Cet ensemble forme le **script**.

SCRIPT : La ruse de Ratibus

Case 1 – Illustration : une chambre dans un immeuble, avec un petit rat attaché, essayant de se libérer.

Bulle de pensée : Heureusement que ces bandits ne savent pas faire les nœuds...

Case 2 – Illustration : dans le salon, deux chats jouent aux cartes.

Bulle premier chat : Bataille !

Bulle deuxième chat : Chut, écoute...

Venant de la chambre : Cling ! Cling !

Case 3 – Illustration : les deux chats entrent dans la chambre.

Bulle commune aux deux chats : Il s'est enfui !

Case 4 – Illustration : gros plan sur une corde à nœuds attachée dans l'encadrement de la fenêtre ouverte.

Case 5 – Illustration : gros plan sur le bout de la corde pendant dans le vide, à l'extérieur.

Case 6 – Illustration : le petit rat referme la porte sur les deux chats, pris au piège, enfermés dans la chambre.

Bulle Ratibus : Chalut !

Bulle commune aux deux chats : Chapristi !

3. À partir de quel scénario ce script a-t-il été écrit ?

- ☐ C'est l'histoire d'un rat invité à jouer à la bataille chez les chats.
- ☐ C'est l'histoire d'un rat prisonnier de deux chats.
Il échappe à ses ravisseurs grâce à une ruse et les enferme à leur tour.
- ☐ C'est l'histoire de deux chats qui s'amusent à libérer un rat prisonnier des chiens du quartier.

La France et ses régions

Costumes folkloriques

1. Assemble les étiquettes et retrouve le nom de chaque province.

[ ] [ ] DIE

PRO [ ] [ ]

[ ] SE

[ ] TA [ ]

GNE QUE CE AL BRE COR NOR VOIE GNE VER SA MAN NI VEN MAR

[ ] TI [ ] [ ]

[ ] [ ] CE

SA [ ]

AU [ ] [ ]

Départements e

La France métropolitaine est composée de 22 régions.
Chaque région est formée de départements. Il y en a 96 en France métropolitaine.
La France comprend aussi 5 départements d'outre-mer : la Martinique, la Guadeloupe, la Réunion, la Guyane et Mayotte.

2. Vrai (V) ou faux (F) ? Écris V ou F.

- Le Limousin est une région. ☐
- La Lorraine est un département. ☐
- La Guadeloupe est française. ☐
- La Corse est une région française. ☐
- L'Île-de-France comprend plusieurs départements. ☐
- La France comprend 101 régions. ☐

3. Réponds aux questions.

- Combien la Bretagne comprend-elle de départements ?

  ....

  Lesquels ? ....

  ....

  ....

  ....

  ....

  ....

- Quels sont les cinq départements situés outre-mer ?

  ....

  ....

  ....

  ....

1. Lis.

Le renard et le petit prince

Qui es-tu ? dit le petit prince. Tu es bien joli…
– Je suis un renard, dit le renard.
– Viens jouer avec moi, lui proposa le petit prince. Je suis tellement triste…
– Je ne puis pas jouer avec toi, dit le renard. Je ne suis pas apprivoisé.
– Ah ! pardon, fit le petit prince.
Mais, après réflexion, il ajouta
– Qu'est-ce que signifie « apprivoiser » ?
– Tu n'es pas d'ici, dit le renard, que cherches-tu ?
– Je cherche les hommes, dit le petit prince. Qu'est-ce que signifie « apprivoiser » ?
– Les hommes, dit le renard, ils ont des fusils et ils chassent. C'est bien gênant ! Ils élèvent aussi des poules. C'est leur seul intérêt. Tu cherches des poules ?
– Non, dit le petit prince. Je cherche des amis. Qu'est-ce que signifie « apprivoiser » ?
– C'est une chose trop oubliée, dit le renard. Ça signifie « créer des liens »…
– Créer des liens ?
– Bien sûr, dit le renard. Tu n'es encore pour moi qu'un petit garçon tout semblable à cent mille petits garçons. Et je n'ai pas besoin de toi. Et tu n'as pas besoin de moi non plus. Je ne suis pour toi qu'un renard semblable à cent mille renards. Mais, si tu m'apprivoises, nous aurons besoin l'un de l'autre. Tu seras pour moi unique au monde. Je serai pour toi unique au monde…

Antoine DE SAINT-EXUPÉRY, *Le Petit Prince*, © Gallimard.

2. Combien de fois lis-tu les mots suivants ?

renard(s) .... prince ....

apprivoiser (sous toutes ses formes) .... garçon(s) ....

toi .... moi ....

Témoignages : les a

À la question « Quel rôle jouent les animaux dans votre vie ? », neuf enfants de 8 à 12 ans ont donné leur réponse…

3. Relie chaque témoignage au dessin qui convient.

Vincent
J'ai recueilli Arthur un matin d'hiver. Il était tombé du nid et s'était cassé une patte. Depuis, il a trouvé refuge à la maison.

Camille
Depuis que j'ai installé mon aquarium, je me passionne pour les poissons tropicaux. Je passe des heures à les regarder nager. Ils sont beaux et ont l'avantage d'être silencieux.

Sophie
J'ai un hamster et deux tourterelles. Quand je pars en vacances, je les emmène toujours avec moi. Je me sens vraiment responsable d'eux, et j'en suis fière !

Lili
Charlotte me tient compagnie. Quand je fais mes devoirs, elle vient s'installer sur mon bureau et me regarde travailler en ronronnant. Elle est douce et câline, je l'adore !

Franck
J'habite à la campagne et j'ai trois canards. Cela peut paraître drôle, je les adore. Ils me suivent partout en se dandinant. Je crois qu'eux aussi m'aiment bien.

Le Sahara autrefois

1. Complète le texte avec les mots suivants.

coquillages – désert – sable – chasseurs – outils

Le Sahara n'a pas toujours été un .... Il y a des milliers d'années, de nombreux hommes y vivaient. Ils ont laissé des traces !

Les savants ont voulu en savoir plus ! En grattant la couche de .... à la surface du désert, ils sont allés de surprise en suprise. Ils ont trouvé des ossements d'hippopotames, de rhinocéros, d'éléphants et des .... par milliers ! Certains étaient taillés dans la pierre : des couteaux, des haches et des pointes de flèches. D'autres étaient en os : des harpons et des hameçons.

Il y avait là de véritables panoplies de .... et pêcheurs préhistoriques !

Les archéologues ont aussi recollé les morceaux de poteries, d'instruments qui servaient à broyer le grain. Au fond de lacs desséchés, ils ont ramassé des .... et des arêtes de poissons.

Les spécialistes ont étudié les pollens fossiles et des débris de plantes conservés dans la terre pendant des siècles. Ils ont reconnu des graines d'olivier et ils ont repéré les traces, sculptées dans le sable, d'un formidable réseau de vallées et de fleuves aujourd'hui à sec.

Dominique Joly, *Okapi*, n° hors série, page 8, © Bayard Presse.

Où se situe le Sahara ?

Le Sahara aujourd'hui

Le Sahara sépare l'Afrique du Nord de l'Afrique noire. Il est aussi grand que la forêt amazonienne et dix fois plus étendu que la France. C'est **le plus grand désert chaud de la Terre**. C'est un paysage de plaines, de sable ou de cailloux, de massifs montagneux avec des vallées étroites et de grands plateaux.
Pendant la journée, il fait une chaleur écrasante : jusqu'à 70 °C au soleil. Mais les nuits sont froides : il peut même geler.
Des pluies extrêmement rares surviennent très brutalement au cours de violents orages.
Des vents desséchants soufflent très souvent. Ils soulèvent le sable qui s'amoncelle en dunes dont la hauteur peut atteindre 300 mètres.
Les animaux du désert savent s'adapter à une telle chaleur et survivre avec très peu d'eau. Pendant la journée, ils recherchent l'ombre d'un arbre ou d'un buisson, d'un rocher ou de pierres. Certains s'enterrent en creusant un terrier et attendent la nuit pour sortir.

2. Barre ce qui est faux.

- Le Sahara est un désert sans dunes.
- Une dune se forme sous la poussée du vent.
- La température peut passer de 60 à 0 °C.
- Beaucoup d'animaux vivent surtout la nuit.

13 Humour !

Histoires drôles

1. Relie chaque histoire à la chute qui convient.

Au bord de la rivière, un monsieur s'étonne auprès d'un pêcheur :

– C'est curieux, vous lancez des noyaux dans l'eau ?!...

– Je voudrais un lit très solide, dit le client.

– Pourtant, vous n'êtes pas si costaud que ça, répond le vendeur...

– Je vous dois combien ? demande une dame en sortant d'un taxi.

– Onze euros madame, répond le chauffeur.

En classe, Lucien dit à Valentin :

– Moi, ce que je préfère, c'est apprendre les poèmes en vers.

– Voilà vingt ans que je mange un steak chaque jour, dit un homme à son copain. Résultat : je suis fort comme un bœuf !

– Désolée. Je n'ai qu'un billet de dix : est-ce que vous pourriez reculer un peu ?

– Moi aussi, répond son copain, c'est ma couleur préférée !

– C'est curieux, répond l'autre. Moi, je mange du poisson depuis vingt ans et je ne sais toujours pas nager !

– Non, c'est vrai, mais j'ai le sommeil tellement lourd !

– Oui, c'est vrai. Mais ce ne sont pas n'importe quels noyaux, ce sont des noyaux de pêche !

La chemise lilas

Fernand : Bonjour monsieur le marchand de chemises !
Je voudrais une chemise couleur lilas, si ça ne vous dérange pas trop !
Euh, euh, euh, euh... J'ai dit ce matin en me levant :
« Je vais m'acheter une chemise couleur lilas ! » Euh, euh, euh...

Le marchand : Oui, monsieur ! Je vais vous donner ça tout de suite ! Voilà, monsieur ! Nous avons deux couleurs lilas.
Dans celle-là, couleur printanière, qui sera très, très chic avec une cravate sombre, des boutons de manchettes imitation platine, ce sera très, très chic, monsieur ! Et avec ça... C'est tout à fait pour vous cette chemise !

Fernand : Oui, mais c'est la couleur... Euh, euh, euh... Je voudrais lilas !

Le marchand : Ah, oui, monsieur ! Alors là, nous avons celle-ci, couleur violette, le lilas d'automne qui pâlit, qui devient sombre...
Alors là, vous avez vraiment le beau lilas ! N'est-ce pas ?
Tout à fait le lilas qu'il vous faut ! N'est-ce pas ?

Fernand : C'est la couleur qui va pas ! Euh, euh, euh... Je voudrais lilas ! Euh, euh, euh...

2. Réponds aux questions.

- À quel type de texte appartient *La chemise lilas* ?
  - ☐ Ce texte est une description.
  - ☐ Ce texte est un dialogue entre deux personnages.
- Finalement, de quelle couleur est la chemise que Fernand veut acheter ? ....
- Dirais-tu de l'histoire qu'elle est :
  - ☐ fantastique ?
  - ☐ comique ?
  - ☐ dramatique ?

14 Les arbres

1. Retrouve le nom de chaque arbre. Écris-le.

L A O B U E U

....

R Ê T H E

....

P R O I R E I

....

E N C Ê H

....

E I L P U E R P

....

I L L E U L T

....

A T L E A N P

....

R H M A E C

....

I N C I H G A Â R E T

....

2. Lis ce récit et illustre-le.

Le petit pommier

Les arbres nouveaux devisaient
à demi-voix, sous le hangar,
en attendant qu'on les plantât.

– Moi, disait un jeune cerisier,
je fleuris toujours de bonne heure.
Ce n'est pas pour me distinguer.
Non, je vous assure : je suis
la modestie même, je fleuris
de bonne heure parce que c'est
une tradition dans ma noble
famille. À vrai dire, je fleuris
de façon merveilleuse :
un manchon neigeux
qui va jusqu'à l'extrémité
de mes branches. Quelle tenue
de pétales ! Et quel parfum !
Et quand vient la défloraison,
quelle pluie candide ! Et quel
tapis sur le sol, à mes pieds !
Vous verrez, c'est un poème !
Les fruits que nous donnons
dans ma famille sont renommés
dans tout l'univers. Pensez :
le bigarreau ! Nous faisons
le bigarreau blanc !
Et vous, Monsieur mon voisin ?

– Moi, répondit le voisin
d'un ton revêche, moi, c'est la poire.

– Vraiment, la poire ! C'est très intéressant.
Vous n'avez pas de noyau, paraît-il ?

– Dieu merci, non ! Mais des pépins, et plus
que je n'en voudrais ! De la poire, j'en donne,
au besoin, à condition, bien entendu,
qu'on ne me tourmente pas. S'ils me laissent
tranquille ici, je ferai peut-être une ou deux poires.

14 Les arbres

1. Retrouve le nom de chaque arbre. Écris-le.

L A O B U E U

R Ê T H E

P R O I R E I

E N C Ê H

E I L P U E R P

I L L E U L T

A T L E A N P

R H M A E C

I N C I H G A Â R E T

2. Lis ce récit et illustre-le.

Le petit pommier

Les arbres nouveaux devisaient
à demi-voix, sous le hangar,
en attendant qu'on les plantât.

– Moi, disait un jeune cerisier,
je fleuris toujours de bonne heure.
Ce n'est pas pour me distinguer.
Non, je vous assure : je suis
la modestie même, je fleuris
de bonne heure parce que c'est
une tradition dans ma noble
famille. À vrai dire, je fleuris
de façon merveilleuse :
un manchon neigeux
qui va jusqu'à l'extrémité
de mes branches. Quelle tenue
de pétales ! Et quel parfum !
Et quand vient la défloraison,
quelle pluie candide ! Et quel
tapis sur le sol, à mes pieds !
Vous verrez, c'est un poème !
Les fruits que nous donnons
dans ma famille sont renommés
dans tout l'univers. Pensez :
le bigarreau ! Nous faisons
le bigarreau blanc !
Et vous, Monsieur mon voisin ?

– Moi, répondit le voisin
d'un ton revêche, moi, c'est la poire.

– Vraiment, la poire ! C'est très intéressant.
Vous n'avez pas de noyau, paraît-il ?

– Dieu merci, non ! Mais des pépins, et plus
que je n'en voudrais ! De la poire, j'en donne,
au besoin, à condition, bien entendu,
qu'on ne me tourmente pas. S'ils me laissent
tranquille ici, je ferai peut-être une ou deux poires.

15 Le sommeil

1. Lis.

Le rôle du sommeil

Dormir est aussi important que manger et respirer.
Le sommeil n'est pas du temps perdu :
c'est le moment où ton corps se repose
et fait le plein d'énergie.
Chose étonnante, pendant que tu dors,
tu grandis, tes cheveux et tes ongles poussent
et ta mémoire « range » les informations
que tu as enregistrées la veille.

Que se passe-t-il entre le moment où tu t'endors et celui où tu ouvres l'œil ? Ton sommeil n'est pas le même pendant toute la nuit. Il se divise en périodes d'environ 90 minutes. Celles-ci reviennent plusieurs fois au cours de la nuit. À l'intérieur de chaque tranche de sommeil, tu traverses plusieurs étapes.

Ton sommeil est d'abord ***léger***.
Tu viens de t'endormir.
Tu peux encore entendre ce qui se passe.
Tu gardes la position que tu as prise pour t'endormir.

Puis ton sommeil devient ***profond***.
Tu n'entends plus rien.
Tu ne bouges pas.
Tu es parfaitement détendu.

Enfin tu entres dans le sommeil qu'on appelle ***paradoxal***.
Tu dors… mais tu remues.
Tes yeux bougent beaucoup sous les paupières.
Ton cerveau est en pleine activité : tu rêves.
Au bout d'un moment, tu pousses un grand soupir, c'est la fin du sommeil paradoxal.

Tu replonges alors dans une nouvelle tranche de sommeil. Tu te réveilles naturellement à la fin d'une de ces tranches.

2. Le train du sommeil. Complète le nom des wagons.

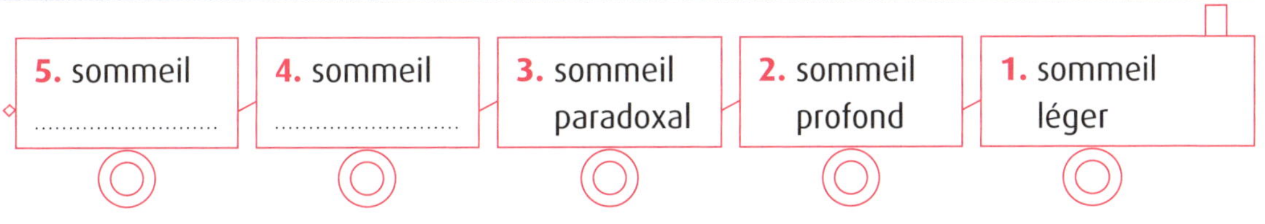

La Belle au

... À l'instant où elle sentit la piqûre, elle tomba sur le lit qui se trouvait là, et resta plongée dans un profond sommeil. Et ce sommeil se propagea à tout le château. Le roi et la reine commencèrent à s'endormir et toute leur suite avec eux. Alors, les chevaux s'endormirent aussi dans l'écurie, les chiens dans la cour, les pigeons sur le toit, les mouches sur le mur, le feu lui-même, qui flambait dans l'âtre, se tut et s'endormit. Le rôti cessa de rissoler, et le cuisinier qui s'apprêtait à tirer le marmiton par les cheveux parce qu'il avait commis une bévue, le lâcha et dormit. Et le vent tomba, et sur les arbres, devant le château, pas une petite feuille ne continua à bouger...
Or, tout autour du château, une haie d'épines commença à pousser, qui grandit d'année en année...
Au bout de longues, longues années, un prince passa par le pays... Les cent ans étaient justement écoulés et le jour était venu où la Belle devait se réveiller.
Et quand le prince s'approcha de la haie d'épines, il ne trouva rien que de belles et grandes fleurs qui s'ouvrirent d'elles-mêmes, le laissèrent passer sans dommage et se refermèrent en formant une haie derrière lui.

3. Vrai (V) ou Faux (F) ? Écris V ou F.

- La princesse s'endormit peu à peu. ☐
- Les mouches quittèrent le château. ☐
- Une haie d'épines entoura le château. ☐
- Le sommeil de la princesse dura un siècle. ☐

4. Que signifient les expressions suivantes ?

- Sans dommage : ....

....

- En grande pompe : ....

....

is Dormant

Dans la cour du château, les chevaux et les chiens de chasse tachetés étaient couchés et dormaient, les pigeons perchés sur le toit avaient caché leur petite tête sous leur aile.

Quand il entra dans la maison, les mouches dormaient et sur les murs, dans la cuisine, le maître queux faisait toujours le geste d'empoigner le marmiton et la servante était encore assise devant la poule noire qu'elle s'apprêtait à plumer.

Dans la grande salle, il vit toute la cour couchée et dormant, et en haut, le roi et la reine étendus près du trône.

Alors il alla encore plus loin et enfin… ouvrit la porte du petit galetas où la Belle était endormie. Elle était là, si jolie qu'il ne pouvait détacher d'elle ses regards et se baissant, il lui donna un baiser.

La Belle au Bois Dormant ouvrit les yeux, se réveilla et la regarda… Alors ils descendirent ensemble et le roi se réveilla, ainsi que la reine et toute la cour… Les noces du prince et de la Belle furent bientôt célébrées en grande pompe et ils vécurent heureux jusqu'à la fin de leurs jours.

Charles PERRAULT, *Contes du temps passé*, 1697.

5. La langue française a évolué avec le temps. En t'aidant du texte, retrouve le sens des mots et relie-les à leur définition.

Un âtre •

Le marmiton •

Une bévue •

Le maître queux •

Un gatelas •

• Nom masculin. Cuisinier en chef.

• Nom masculin. Petite pièce misérable souvent située dans les combles d'un immeuble.

• Nom masculin. Partie de la cheminée où on fait le feu.

• Nom masculin. Jeune aide-cuisinier.

• Nom féminin. Erreur faite par igorance ou par maladresse.

Conseils pour bien dormir

6. Complète le texte avec les mots suivants.

obscurité – onze – dents – éteindre – verre – veilleuse –
lampe – lis – dormir – tablette – lit – film

À ton âge, tu as besoin de .... environ .... heures par nuit. Voici quelques conseils pour bien préparer ton sommeil.

– Fais ta toilette sans oublier de te laver les ....

Après cela, ne grignote plus rien et surtout évite toutes les activités qui sollicitent ton cerveau. Par exemple, ne regarde pas un .... à la télévision et ne joue pas sur ta ....

Il est maintenant l'heure de gagner ton ....

– Pose un .... d'eau sur ta table. Tu auras peut-être soif.

– Assure-toi qu'une .... fonctionne bien à tes côtés.

Peut-être auras-tu besoin de te lever pendant la nuit.

– .... une histoire avant de t'endormir.

– C'est le moment d' .... la lumière. Certains aiment dormir dans l' .... D'autres préfèrent garder la lumière d'une ....

À toi de choisir ! Bonne nuit.

7. Recherche dans un dictionnaire la définition des mots suivants.

Somnambule : ....

....

Somnifère : ....

....

Somnoler : ....

....

Prénom ....

Tes résultats ☐ ☐ ☐

S'ils me taillent, s'ils me tripotent, alors bernique ![1]
Je suis fermement décidé à n'en pas ficher une secousse[2].
– Vous dites ?
– Une secousse.
– Ah ! oui ! C'est très intéressant. Et vous, le petit, là-bas ?
– Plaît-il ?
– Oui, vous ! Qu'est-ce que vous faites ?
L'arbre ainsi mis sur la sellette[3] était un petit pommier tout rabougri, tout chétif.
– Oh ! répondit-il à voix basse, moi, je fais ce que je peux.
Les arbres furent plantés en terre. Dès la première année, le cerisier montra ses belles fleurs et donna quatre ou cinq cerises. Le poirier ne donna rien. Le pommier, qu'on avait placé dans un coin transi d'ombre et de courants d'air, nous offrit un boisseau[4] de pommes.

Georges Duhamel, « Le petit pommier » *in Fables de mon jardin*,

1. Bernique ! : Rien !
2. N'en pas ficher une secousse : ne rien faire du tout.
3. Mettre sur la sellette : interroger quelqu'un comme un accusé.
4. Un boisseau : récipient de forme cylindrique ; ancienne mesure de capacité (environ dix litres).

3. Réponds aux questions.

- Qui sont les personnages de cette histoire ? ....

....

- Combien sont-ils en tout ? ....
- Qui prononce ces paroles ?
  - « ... je fleuris toujours de bonne heure. » : ....
  - « De la poire, j'en donne, au besoin... » : ....
  - « ... moi, je fais ce que je peux. » : ....

4. Relie.

Dès la première année :

le poirier •	• montra ses belles fleurs et donna quatre ou cinq cerises.
le pommier •	• ne donna rien.
le cerisier •	• offrit un boisseau de pommes.

L'enfant couché sous le pommier

Maurice Denis, *L'Enfant couché sous le pommier* (1903)

5. Réponds aux questions.

- Combien vois-tu de personnages ?

  ....

- Si tu n'avais pas lu le titre du tableau, de quel autre arbre aurait-il pu s'agir ?

  ....

- À ton avis, pourquoi l'enfant a-t-il choisi cet endroit pour s'allonger ?

  ....

6. Invente une petite histoire à partir de ce tableau.

....

....

....

....

....

....

....

Prénom ....

Tes résultats

LE MARCHAND : Hein ! Ah ! Oui ! Ce coup-ci, y'a le haut qui va être violet et le pan de chemise dans la couleur de lilas qu'il vous faut, regardez !

FERNAND : J'aime pas vous voir vous énerver parce que moi je voudrais... Je voudrais couleur lilas ! Euh, euh, euh... Vous me faites peur ! Euh, euh... Je voudrais lilas !

LE MARCHAND : Là, vous avez dix-sept chemises, monsieur. Vous avez toutes les couleurs, du rose bonbon, du mauve, du violet ou du vrai lilas ! Feuille verte ! Le lilas, c'est vert ! Les feuilles sont vertes ! Les fleurs sont violettes !

FERNAND : Ben, euh, euh... Pourquoi vous vous énervez ? Tout ça parce que je demande une chemise couleur lilas ! Mais je voudrais celle qui est dans la vitrine !

LE MARCHAND : Celle-ci ? Là ?

FERNAND : Oui !

LE MARCHAND : Ben... Elle est blanche !

FERNAND : Et alors ! Euh, euh, euh,... Vous avez jamais vu du lilas blanc ! Euh, euh, euh...

Fernand RAYNAUD, *25 sketches à lire et à jouer*, ©Éditions de LA TABLE RONDE, 1975.

3. Relie pour préciser chaque couleur.

rose •	• bouteille
rouge •	• canari
jaune •	• azur
bleu •	• bonbon
vert •	• ébène
blanc •	• grenat
noir •	• souris
gris •	• crème

Bicyclettes introuvables

4. Numérote les illustrations à l'aide des légendes.

Carelman, *Objets introuvables*.

1 Bicyclette symétrique
Conçue spécialement pour marcher indifféremment dans les deux sens.

2 Bicyclette à horizontalité constante
Pour les montées, on place la petite roue devant ; pour les descentes, il suffit de la placer à l'arrière.

3 Bicyclette rouleau compresseur
Joignez l'utile à l'agréable ! Pendant les week-ends, faites du sport tout en égalisant les allées de gravier de votre résidence secondaire !

4 Bicyclette à neige
Les raquettes qui remplacent les roues de cette bicyclette en font le véhicule idéal pour les longues randonnées hivernales.

Prénom ....

Tes résultats

Les animaux du désert

3. Qui suis-je ? Complète.

un âne

une gazelle

un dromadaire

un fennec

Je mesure 2 à 3 mètres et n'ai qu'une seule bosse sur le dos. Grâce à elle, je peux survivre dans le désert. Lorsque je suis assoiffé, je peux boire 100 litres d'eau. Je pèse alors environ 500 kilos. Je suis un ruminant et me nourris d'herbes sèches et de branchages. Robuste, je peux vivre 40 ans.
Je suis ....

Petit animal de 40 centimètres, je possède de très grandes oreilles pour entendre les souris et les lézards. Ce sont mes proies préférées car je suis carnivore. Le renard est mon cousin mais je suis plus petit et ne pèse que 2 kilos. Le jour, je dors dans ma tanière et la nuit, lorsqu'il fait plus frais, je sors pour chasser. Je peux vivre 12 ans.
Je suis ....

Robuste et résistant, je ne rechigne jamais devant l'effort. On me fait donc porter de lourdes charges. Je mesure 1,20 mètre pour un poids d'environ 200 kilos. Je ressemble au cheval mais j'ai de plus grandes oreilles. Je me nourris de végétaux et de légumes. Je vis 35 ans environ. On me dit têtu.
Je suis ....

Je vis dans les régions semi-désertiques. Je mesure environ 70 centimètres au garrot et pèse 20 kilos. Capable d'atteindre des vitesses considérables, je peux semer mes prédateurs. Je me nourris d'herbes sèches et bois très peu d'eau. Ma durée de vie est d'une dizaine d'années.
Je suis ....

4. Complète maintenant la carte d'identité des animaux.

	fennec	gazelle	dromadaire	âne
Taille				
Poids				
Longévité (durée de vie)				
Nourriture				

Recette du thé à la menthe traditionnel des Touareg[1]

Étapes de préparation

Placer 3 cuillerées à café de thé vert dans une théière.
Faire bouillir un demi-litre d'eau dans une casserole.
Une fois que l'eau est chaude, la verser petit à petit dans la théière.
Laisser infuser[2] pendant 3 minutes.
Ajouter 10 morceaux de sucre.
Bien mélanger le tout avec une cuillère à soupe.
Laver un gros bouquet de menthe et le placer dans la théière.
Laisser infuser pendant quelques minutes.
C'est prêt !
Servir dans des tasses.

1. Touareg : peuple nomade du Sahara, d'origine berbère.
2. Infuser : faire macérer une plante aromatique dans de l'eau bouillante pour qu'elle en prenne l'arôme.

5. Retrouve la liste des ingrédients et du matériel nécessaires pour préparer un bon thé à la menthe.

Ingrédients	Matériel
....	....
....	....
....	....
....	....
....	....
....	....
....	....

Le sais-tu ?

Les mêmes ingrédients peuvent être utilisés plusieurs fois de suite.
Plus on les réutilise et moins le thé est fort.
Un proverbe berbère raconte ainsi que le premier thé est dur comme la vie, que le second est amer comme la mort et le troisième doux comme l'amour.

Prénom .... **Tes résultats** ☐ ☐ ☐

aux dans notre vie

Amélie
L'animal auquel je consacre le plus de temps, c'est mon lapin, mon Doudou. Je lui confie tous mes secrets. Quand je suis triste, je le serre contre moi. À sa manière, il me comprend, et je me sens moins seule.

Hélène
Il est très gentil mais un peu canaille. Quand je rentre de l'école, il vient me chercher à la porte et, d'un petit air malin, semble dire : « Tu viens jouer avec moi ? » La maison paraît bien vide quand mon chien n'est pas là. Il y apporte une touche de bonne humeur.

Paul
C'est ma plus vieille amie. Elle a presque 20 ans ! J'aime bien la chercher dans le jardin. Elle a appris à me reconnaître ; quand elle me voit, elle sort la tête de sa carapace. J'adore la voir se régaler d'une feuille de salade : je la trouve très amusante.

Léo
On apprend beaucoup en observant les animaux. Un animal à la maison peut rendre la vie plus amusante, mais moi, je préfère découvrir les animaux dans la nature. Les insectes, par exemple, j'adore les insectes !

4. Et toi, quel rôle jouent les animaux dans ta vie ?

La couverture d'un roman

5. Réponds aux questions.

1. a. D'après ce que tu vois, le ton de ce roman est-il très sérieux ou plutôt humoristique ?

b. Quel est le mot qui nous le confirme ?

2. Quel est le nom de l'auteur ?

3. Quel est le titre de ce roman ? À ton avis, que raconte-t-il ?

4. Quel est le nom de l'éditeur de ce roman ?

5. Que font les chats ?

6. Dans le titre, une lettre a disparu. Laquelle ? Par quoi a-t-elle été remplacée ?

Prénom ....

Tes résultats

gions de France

Dans quelle région se situe la Gironde ?

Dans quelle région se situe la Lozère ?

Combien la Corse comprend-elle de départements ?

Lesquels ?

De combien de départements est formée la région Île-de-France ?

Lesquels ?

Indique dans quelle partie de la France (nord-sud-ouest-est-centre) se situent les départements suivants.

– La Charente-Maritime :

– Le Pas-de-Calais :

– La Vendée :

– Le Jura :

– Les Pyrénées-Orientales :

– Le Cher :

Dans quelle région habites-tu ?

Dans quel département ?

Spécialités régionales

Le sais-tu ?

Chaque région de France possède sa (ses) propre(s) spécialité(s) culinaire(s).
Ainsi, tu peux te régaler d'une choucroute alsacienne ou d'un boudin antillais...

4. Complète avec les mots suivants en utilisant la carte.

bourguignon – toulousain – breton – normand – Île-de-France

Le far .... est un délicieux gâteau fourré aux pruneaux.

Le cidre .... est une boisson à base de pommes produites et pressées dans la région.

Le sandwich jambon-beurre, appelé le parisien, vient d'.. .

Le cassoulet .... est une spécialité de la ville de Toulouse située dans cette région.

Ce bon plat mijoté dans une sauce au vin rouge s'appelle le bœuf ....

Prénom ....

Tes résultats

Le dessinateur met ensuite le récit en images à partir du script.
Les illustrations racontent l'essentiel de l'histoire. Les bulles sont prévues pour les dialogues ou les pensées.

4. À l'aide du script, écris le texte des bulles (de préférence en lettres capitales).

La ruse de Ratibus

Le texte dans la BD

5. Complète avec le mot qui convient.

parole – pensée – fenêtre – forme – onomatopée

Cette bulle exprime une ....

Le texte écrit dans une .... apporte des précisions sur le lieu ou le moment de l'action.

Cette bulle contient une ....

Un mot qui imite un son, un bruit s'appelle une ....

Pour exprimer différentes paroles, la .... des bulles change, la taille, l'épaisseur des lettres varient selon le texte.

6. Indique ce qu'exprime chaque bulle. Note les numéros.

- ◯ la surprise
- ◯ la colère
- ◯ la douleur
- ◯ le froid
- ◯ le sommeil
- ◯ un rire
- ◯ un grand bruit

Prénom .... **Tes résultats** ☐ ☐ ☐

Des disciplines impressionnantes

6. Cherche dans le dictionnaire les disciplines suivantes.

- Le triathlon (devenu sport olympique en 2000) ....

....

- Le pentathlon ....

....

- Le décathlon ....

....

- **Dans laquelle de ces trois disciplines peut-on voir le lancer de disque ?**

....

....

7. Complète ce texte avec le nom d'un des sports que tu viens de trouver à l'*exercice 6*.

Au XIXe siècle, un jeune officier français de la cavalerie doit livrer un message. À **cheval**, il doit effectuer un long **parcours** sur un terrain accidenté. Il franchit les lignes ennemies et se retrouve face à un soldat ennemi, l'**épée** dégainée, qui abat son cheval. L'officier le provoque en duel, est vainqueur, et l'abat d'un coup de **pistolet**. Il franchit une rivière à la **nage** et réussit enfin à délivrer le message. Selon cette légende, c'est ainsi que naquit

le ....

Le sais-tu ?

La même année que les jeux Olympiques ont lieu les jeux Paralympiques. Ils réunissent des athlètes handicapés de tous les pays pour des épreuves handisports.

Un match de basketball aux jeux Paralympiques de Londres, 2012

8. Écris le nom de chaque discipline d'athlétisme au bon endroit.

lancer du poids – saut à la perche – course de haies –
saut en hauteur – lancer du javelot – saut en longueur

Le sais-tu ?

La devise olympique est :
Citius, althius, fortius.

Ce sont des mots latins qui signifient :
Plus vite, plus haut, plus fort.

Prénom ....

Tes résultats

16 Un récit policier

1. Lis.

Rue de la chance

Andros Borknan est un gangster qui vit à New York. C'est un homme très riche et très craint.

2. Lis ce passage et recopie les quatre mots tordus. Écris les bons mots.

Avec un mouchoir de soie sauvage, Borknan s'épongea le front et ses joues tremblèrent. Tout craquait. En quelques heures, il s'était retrouvé seul. Les grèves avaient éclaté dans toutes les entreprises qu'il contrôlait, des incendies avaient détruit les chantiers, les stocks ; les bars qui lui appartenaient avaient reçu des rafales de majorette, on avait versé de la mort-aux-rats dans les marmottes de ses restaurants… Il avait tenté de lutter trois fours mais les hommes de Barbina étaient partout ; c'étaient des lueurs, des professionnels expérimentés, et son armée n'avait pas fait le poids en face de celle du chef de la Mafia.

- .... ➡ ....
- .... ➡ ....
- .... ➡ ....
- .... ➡ ....

3. Replace les quatre mots suivants au bon endroit.

une piécette – une fortune – une vie – la vitre

Alors, ce matin, Borknan avait pris le téléphone et avait tout liquidé. Il lui restait .... si colossale qu'en buvant de l'or liquide tous les jours et en mangeant trois lingots à chaque repas, il en laisserait pour ses arrière-petits-enfants.
Impatiemment, il tapa du doigt contre ....
Le Noir le regarda d'un œil morne et continua à parler.
Andros soupira… Quelques jours ! Il n'avait fallu que quelques jours pour que tout disparaisse, pour que rien ne subsiste du travail d'.. .
Il était obligé à présent de partir se cacher aux Bermudes ou aux Bahamas.
Certes, ce n'étaient pas des pays désagréables, mais…
Il reçut le choc de la porte dans le dos et sans s'excuser, le Noir sortit.
Borknan s'installa,
sortit ....
de son pantalon et composa le numéro de Charles Bodenboe.
C'était le dernier fidèle, le seul dont il fût certain qu'il ne le lâcherait pas.
Bodenboe décrocha à la première sonnerie.
« Bodenboe, dit-il, qui est à l'appareil ? » Andros n'avait plus éprouvé le moindre sentiment humain depuis l'âge de quatre ans et demi, mais il ressentit comme une sorte de plaisir à entendre cette voix.

Qu'est-ce que la biodiversité ?

La biodiversité désigne l'ensemble des êtres vivants qui existent sur notre Terre. La biodiversité regroupe donc tous les animaux, depuis la minuscule bactérie jusqu'aux grands éléphants, et tous les végétaux, depuis la mousse qui pousse au pied des arbres jusqu'aux magnifiques orchidées.

1. Complète le texte avec les mots suivants.

cueillette – canette – flore – souvenirs – plante – déchets – animaux – chasse – faune

Petite charte pour sauvegarder la biodiversité

Tu ne dois pas cueillir dans la nature une .... que tu ne connais pas, car il peut s'agir d'une espèce protégée.

Il faut également préserver les .... protégés.

La .... ou la .... de ces espèces peut parfois entraîner leur disparition.

Si tu pars à l'étranger, prends garde de ne pas rapporter des .... naturels protégés, ni des produits issus de ces espèces (ivoires d'éléphant, objets en écaille de tortue marine...). Sans le savoir, tu détruis la .... et la .... et tu fais quelque chose d'illégal.

Où que tu te trouves, ne jette pas tes .... dans la nature. En effet, une .... de métal jetée par terre peut mettre 10 ans à se décomposer.

La diversité des espèces et des milieux

Le nombre d'espèces vivant sur la Terre semble infini.
Tous les jours, de nouvelles espèces animales et végétales sont découvertes. Aujourd'hui, on connaît presque **2 millions d'espèces**. Pourtant, certains scientifiques pensent qu'il y a encore 20 fois plus d'espèces à découvrir. Hélas, beaucoup d'entre elles disparaissent avant d'avoir été découvertes !

La forêt tropicale

Qu'est-ce qu'un milieu riche en biodiversité ?
Un milieu riche en diversité biologique possède un nombre important d'espèces animales et végétales. Les grandes prairies, les savanes africaines, les marécages, les forêts de montagne et les forêts tropicales sont des milieux très riches en biodiversité. Les forêts tropicales, par exemple, contiennent la moitié de toutes les espèces connues sur Terre ; de plus, elles abritent **beaucoup d'espèces encore inconnues**.

1. L'**orchis brûlé** est une plante terrestre européenne de 10 à 20 cm de haut. C'est une très belle orchidée, et l'une des plus rares !
2. Le **narcisse des Glénans** ne vit que dans l'archipel des Glénans au sud de la Bretagne et nulle part ailleurs dans le monde. C'est donc une plante endémique des Glénans.

D'autres milieux sont précieux car ils abritent des espèces très rares, qui n'existent que dans un seul endroit de notre planète (on parle d'**endémisme**). S'ils sont détruits, ces espèces disparaîtront à jamais.

Le sais-tu ?

Pour être riche en biodiversité, un milieu doit être en bonne santé.
Il possède alors toutes les conditions qui permettent aux animaux et aux plantes de vivre : ils y trouvent de quoi se nourrir et peuvent se reproduire facilement.

18 La montagne

1. Lis.

Le toit du monde

Voici quelques-uns des plus hauts sommets du monde.
Ils appartiennent aux grandes chaînes de montagnes de la Terre : **l'Himalaya** en Asie, **les Alpes** en Europe, **la cordillère des Andes** en Amérique du Sud, **le Caucase** situé entre l'Europe et l'Asie, **les montagnes Rocheuses** en Amérique du Nord.

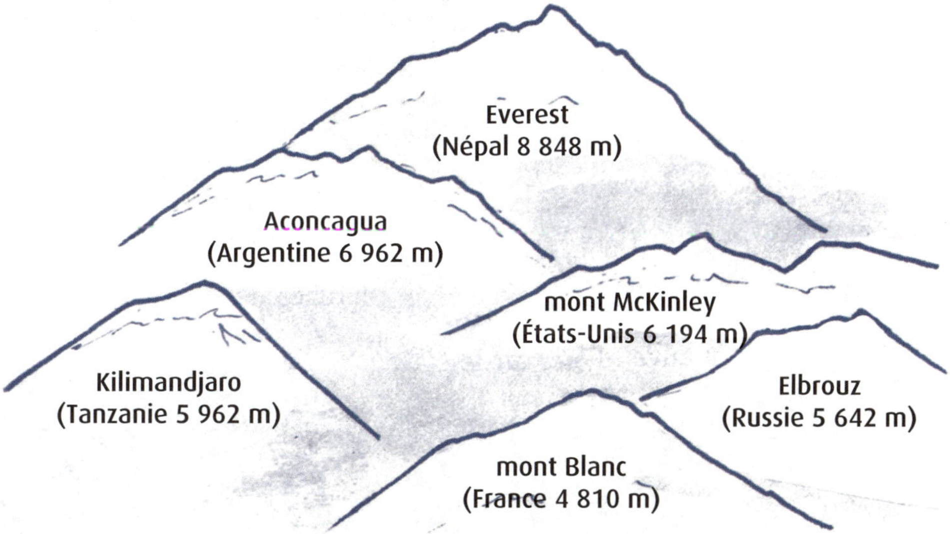

Avec ses 8 848 m d'altitude, **le mont Everest** est le « toit du monde ». Il a été gravi pour la première fois en 1953 par l'alpiniste néo-zélandais Edmund Hillary, accompagné de Tensing, son sherpa (guide de la région).

2. Complète le tableau en classant les six sommets dessinés ci-dessus dans l'ordre décroissant.

N°	Altitude	Sommet	Pays
1	....	....	....
2	....	....	....
3	....	....	....
4	....	....	....
5	....	....	....
6	....	....	....

Le recul

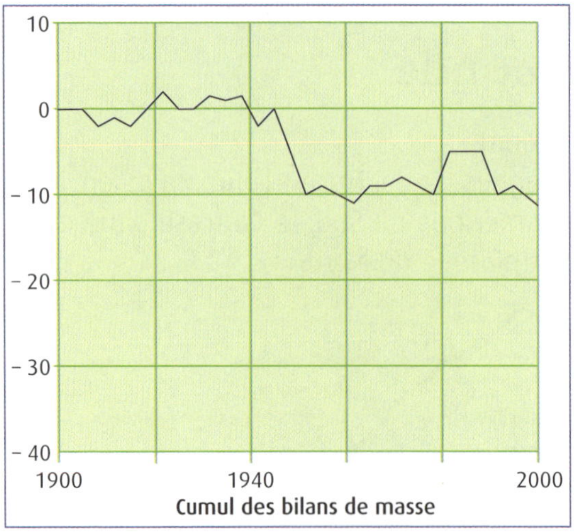

Mer de Glace

Le relief du sud de la France

……………………………………………………………………

……………………………………………………………………

Davies Arthur Bowen, *Chaîne de montagnes enneigées, le matin* (1862-1928)

……………………………………………………………………

Chaîne de l'Himalaya

……………………………………………………………………

3. Écris sous chaque image ci-dessus de quel type de document il s'agit.

- une carte du relief
- un graphique
- une aquarelle
- une photographie

19 La traversée de la Manche

1. Lis.

Les pionniers

En 1909, un pilote français, **Louis Blériot** (1872-1936), atterrissait avec son avion près de Douvres, en Angleterre. Il venait de réussir le **premier vol entre la France et l'Angleterre**.

Blériot avait 37 ans lorsqu'il réalisa son exploit. Il s'était passionné pour les aéroplanes après le **premier vol des frères Wright en 1903**. Il avait construit lui-même son avion, un monoplan à la fois léger et facile à manœuvrer.

Un journal anglais offrait 10 000 livres de récompense à celui qui réussirait la traversée entre la France et l'Angleterre.

Un autre concurrent français s'écrasa en mer quelques jours avant que Blériot fasse sa tentative. Sans carte ni compas, Blériot se perdit en plein brouillard. Son moteur commença à chauffer, mais par chance, il se mit à pleuvoir ; la pluie refroidit le moteur et dissipa le brouillard. Lorsqu'il vit les collines de Douvres, Blériot piqua dessus et réussit un spectaculaire atterrissage.

2. Barre ce qui est faux.

- Les frères Wright firent leur premier vol 37 ans avant Blériot.
- Le vol de Louis Blériot eut lieu par grand beau temps.
- Blériot ne fut pas le premier pilote à tenter la traversée.
- Il utilisa une carte et un compas pour se guider.
- Son avion atterrit en Angleterre près de Douvres.
- La tentative réussit grâce à la pluie.
- Cette première traversée eut lieu en 1903.
- Un journal français avait promis de récompenser cet exploit.

Quelques aventuriers

1 Vincent Lenoir

Parti de Douvres en Angleterre le 14 juin 1988, Vincent Lenoir relie Calais à la voile en 4 heures et 57 minutes.

« Il y avait de gros cargos, des pétroliers qui passaient très vite et qui faisaient des vagues de deux mètres. »

Chaque fois, il devra rapidement écoper le petit *Optimist* spécialement conçu à sa taille. « C'est long, on a froid, mais je voulais vaincre l'appréhension d'être seul en mer, de calculer ma route, de réussir la traversée ! »

Vincent Lenoir avait reçu l'autorisation de suivre « le rail », cette voie de 60 km de large empruntée par les gros navires marchands et les pétroliers.

2 Christelle Leroy

Christelle Leroy, 14 ans, voulait être la plus jeune Européenne à franchir la Manche à la nage. Pari tenu : la jeune nageuse a parcouru sans flancher les 31 km qui nous séparent de la Grande-Bretagne.

Cet exploit sportif, Christelle a tenu à le doubler d'une opération humanitaire. Elle a choisi de venir en aide aux enfants victimes d'accident.

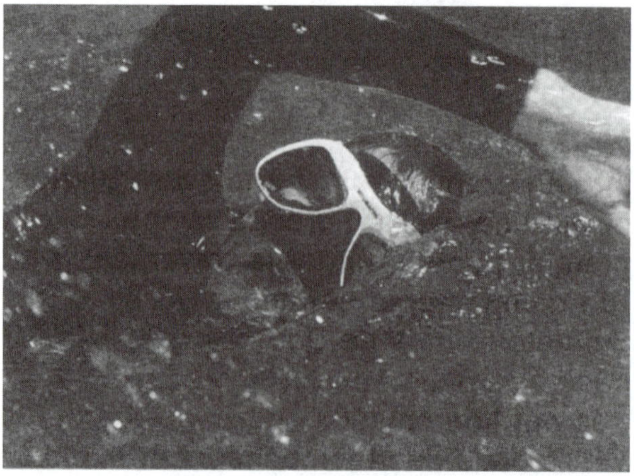

La traversée de la Manche à la nage est une épreuve très réputée en raison des difficultés rencontrées : eau froide de 15 °C, mer agitée d'une manière imprévisible, brouillards impromptus, passages fréquents de navires, nappes d'huile, goémon[1].

Pour se protéger du froid, les nageurs se couvrent de produits gras comme la lanoline, la vaseline ou l'huile d'olive.

1. Goémon (ou varech) : algue brune.

20 Histoires de poids

1. Lis.

Instruments de pesée

Balance de Roberval

Balance romaine

Balance électronique

Pèse-lettre

Pèse-bébé

Pèse-personne

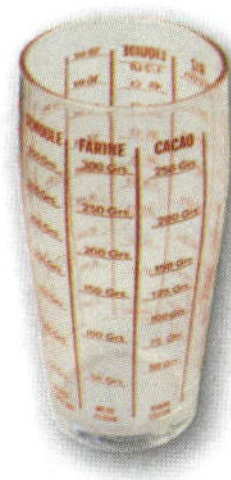

Verre doseur

Bascule

2. Écris le nom de l'instrument qui convient.

- Avec un ...., on peut savoir à quel tarif affranchir son courrier.
- Chaque semaine, Bébé a droit à sa pesée sur le ....
- À la sortie de l'entrepôt, les lourdes charges sont pesées sur la ....
- La balance .... est une balance dont le fléau supporte deux plateaux identiques.
- Régulièrement, je monte sur le .... pour contrôler mon poids.
- Au supermarché, on utilise une balance .... qui délivre un ticket avec le poids et le prix du produit pesé.
- La balance .... est la plus ancienne de toutes. Elle est composée d'une longue tige sur laquelle se déplace un poids et d'un crochet auquel on suspend l'objet à peser.
- Pour peser les ingrédients dans une recette, on utilise un ....

OH!
J'AI GROSSI DE 18 KILOS !!
HI! HI! HI!HI!
18 KILOS?!!
BOUOUUH!
BOUHOUUH!
Roba
780B

Les poissons

1. Lis.

Heureux comme un poisson dans l'eau

S'il est plutôt muet, dans l'eau, un poisson entend très bien.
Son **œil** toujours ouvert lui permet de voir clairement. La plupart des poissons voient les couleurs aussi bien que nous.
Le poisson peut sentir les odeurs par les **narines**. Il respire par les **branchies** qui absorbent l'oxygène de l'eau : elles se trouvent à l'arrière de la tête.
Son corps fuselé lui permet de nager très habilement. Grâce aux mouvements de sa queue qu'on appelle aussi **nageoire caudale**, le poisson peut avancer. Sur le dos, c'est la **nageoire dorsale** qui le maintient en équilibre.
Celle qui permet au poisson de diriger sa course, c'est la **nageoire anale** située près de l'**anus**. De chaque côté de son corps, une nageoire pectorale assure la stabilité et lui permet de freiner. Deux nageoires servent aussi de freins, placées sur le ventre : ce sont les **nageoires ventrales**.

2. Utilise les mots en gras du texte ci-dessus pour compléter ce document.

Cyprin doré. Famille des poissons rouges. Originaire de Chine. Vit en eau froide.

S'occuper d'un aquarium

3. Complète le texte avec des mots du schéma.

L'installation de l'aquarium

Pose l'aquarium sur un meuble solide dans un endroit bien éclairé. Nettoie-le auparavant avec de l'eau propre. Étale une mince couche de terre de bruyère. Mets ensuite une couche de .... en pente vers l'avant. Lave des .... et pose-les par-dessus le sable. Décore avec des .... et des .... Remplis l'aquarium avec de l'eau du robinet à la même température que la pièce où il se trouve. Un bon vendeur te donnera de nombreux conseils pour installer ton aquarium.

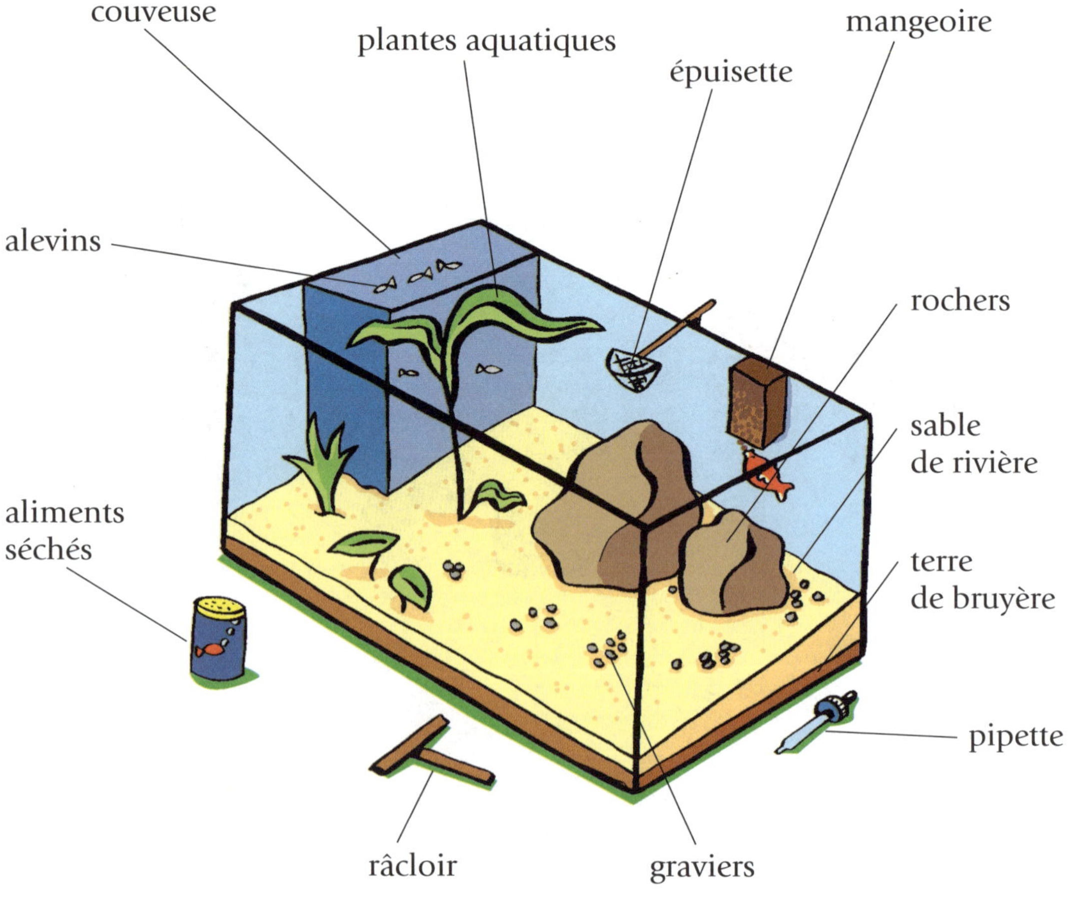

1. Lis.

Un feu d'enfer

Il fut un temps où le feu n'existait pas sur la terre. Les hommes avaient froid, ils mangeaient cru ; dès le coucher du soleil, ils vivaient dans le noir. C'était très inconfortable.

On savait que sous terre, au fond de l'enfer, il y avait tout le feu qu'on pouvait désirer et même davantage. Mais le diable veillait, pas moyen de lui dérober la moindre flammèche. Ceux qui avaient essayé n'étaient jamais revenus. Les hommes se sont dit :

– L'homme est le roi de la création, c'est une affaire entendue. Mais il faut reconnaître que certaines espèces inférieures ont des qualités, force, agilité, flair. [...] Demandons aux animaux d'aller chercher le feu en enfer. On ne sait jamais, ils réussiront peut-être. Et offrons une belle récompense, ça encourage.

On a fait savoir partout partout partout que celui qui ramènerait le feu sur terre aurait table ouverte dans toutes les demeures de tous les hommes. Lui, sa descendance et tout son peuple pourraient manger et boire à volonté. Jusqu'à la fin des temps et sans même dire merci.

La récompense était séduisante.

Les animaux ont réfléchi.

Les plus audacieux ont tenté l'aventure. Et ont péri. Les plus timorés ont dit :

– Qu'avons-nous besoin du feu ? Les hommes n'ont qu'à se débrouiller !

Et les plus malins ricanaient :

– C'est bien joli d'assurer la nourriture de sa descendance. Encore faut-il vivre assez longtemps pour avoir des descendants !

Et peut-être en serions-nous encore à nous chauffer aux rayons de la lune et à manger des biftecks de mammouth crus s'il n'y avait pas eu l'araignée. On ne rend pas justice aux araignées. Elles sont intelligentes, adroites de leurs pattes et, surtout, elles sont patientes. Très patientes.

Celle-là s'est mise à tresser une corde. Fine, solide et longue comme d'ici au centre de la terre. Un tel travail demande beaucoup de temps, mais l'araignée a fini par y arriver. Alors elle a fixé l'extrémité de la corde au rocher qui surplombe l'entrée de l'enfer et elle s'est laissée glisser dans le gouffre. Elle est descendue au fond de la terre, au fin fond de l'enfer. Là, tapie dans un coin, elle a attendu le moment où le diable avait le dos tourné. Alors elle a saisi un brandon[1] et vite, vite, elle est remontée le long de sa corde.

La corde était très longue, le brandon était très lourd, l'araignée a grimpé très vite. En arrivant à la surface, elle n'en pouvait plus de fatigue. Et elle s'est dit : « Il y a longtemps que les hommes attendent le feu. Ils peuvent patienter encore un peu, le temps que je me repose. »

Elle a mis le brandon dans un creux de terre, elle s'est installée à côté. Et elle s'est endormie.

L'araignée dormait, le brandon se consumait doucement et la mouche qui passait a senti une drôle d'odeur, une odeur inconnue.

C'est la fumée que cela sentait, la première fumée qu'il y eut sur terre.

Curieuse, la mouche s'est approchée. Elle a vu le brandon qui fumait et l'araignée qui dormait à côté. La mouche s'est dit :

« Voilà donc ce feu si précieux ! Mais l'araignée ne s'en occupe pas, elle le laisse à l'abandon. Ce n'est pas bien. Je crois qu'il est de mon devoir de porter ce feu aux hommes. Ils sauront en prendre soin. » Et la mouche s'est emparée du brandon, elle s'est envolée avec et l'a porté chez les hommes.

Les hommes ont dit :

– Mouche, merci ! Tu nous as rendu un très grand service et tu auras une très belle récompense. Désormais, toi, tes descendants et ton peuple de mouches, vous serez chez vous à chaque table de chaque demeure de chaque homme vivant sur la terre. Vous aurez droit d'y manger et boire à volonté. Jusqu'à la fin des temps et sans même dire merci.

1. Brandon (nom masculin) : débris enflammé.

23 La photographie

1. Lis.

Histoire de la photographie

C'est un Français, **Nicéphore Niepce** (1765-1833), qui inventa la photographie en 1826. À l'aide de papier enduit de chlorure d'argent, il fut le premier à reproduire une image sous forme de négatif.
Mais c'est **Jacques Daguerre** (1787-1851), artiste à qui Niepce s'était associé, qui perfectionna le procédé. Il découvrit comment développer (1835) puis fixer ces images (1837). En 1838, il obtint le premier daguerréotype, plaque métallique qui est l'ancêtre du tirage sur papier photographique. Sur ce papier réactif à la lumière, on projetait la photo que l'on voulait développer. Aujourd'hui, les photographies numériques peuvent être imprimées à partir d'un ordinateur personnel.

Chambre noire de Daguerre (début du XIXe siècle)

Appareil photographique (vers 1950)

Appareil photographique (vers 1980)

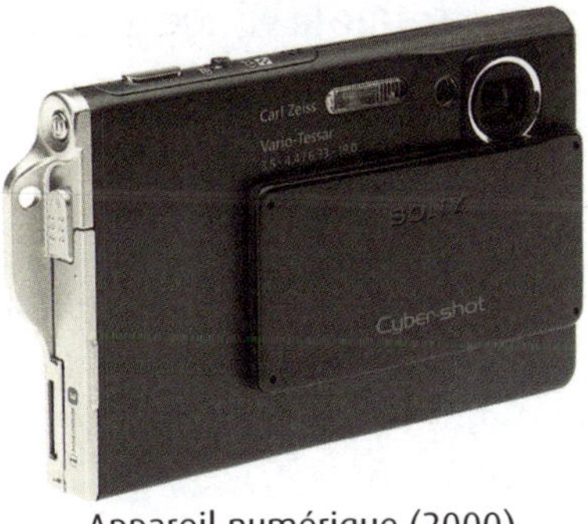

Appareil numérique (2000)

2. Vrai (V) ou Faux (F) ? Écris V ou F.

- L'inventeur de la photographie est français. ☐
- La photographie est née au XIXe siècle. ☐
- Jacques Daguerre a inventé l'appareil numérique. ☐
- C'est Nicéphore Niepce qui fabriqua le premier daguerréotype. ☐
- Le daguerréotype est l'ancêtre du tirage papier. ☐

Différents types de plans

3. Associe à chaque photographie le numéro du plan correspondant.

Lorsqu'il photographie une scène, le photographe choisit un cadrage qui lui permet d'insister sur ce qu'il veut montrer.
Il existe différents types de cadrage appelés « plans ».

1 Le plan général
Il donne une large vue de loin d'un espace ou d'une foule.
On ne distingue pas la finesse des détails.
On l'utilise souvent pour photographier des paysages.

2 Le plan américain
Il représente des personnages coupés à mi-corps.

3 Le plan rapproché ou plan serré
Il représente des personnages cadrés à la hauteur des épaules.

4 Le gros plan
Il ne montre que le visage ou un objet parmi un ensemble.

5 Le très gros plan
Il permet de zoomer sur un détail d'un visage, d'une plante ou d'un objet.
Il permet de distinguer les éléments avec précision.

6 Le plan moyen
Il montre des personnages en pied, c'est-à-dire visibles dans leur totalité (de la tête au pied).

7 Le plan d'ensemble
Il représente des personnages, des animaux ou des objets et, en fond, le décor qui les entoure.

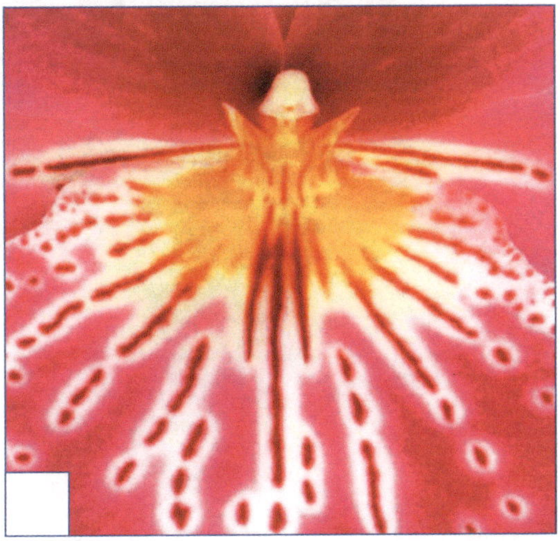

Gros plan sur un appareil

Voici un appareil numérique. À la différence des anciens appareils, il ne comporte pas de film. Il est composé d'**un boîtier** qui forme le cœur de l'appareil.
Devant le boîtier se trouve **l'objectif** qui permet de régler l'image.
Pour visualiser ce que sera la photo, il faut regarder dans **le viseur** et pour prendre une photographie, il faut appuyer sur **le déclencheur**.
Sur les appareils numériques, **le flash** se déclenche automatiquement si la lumière est insuffisante.

4. Place les légendes à l'endroit qui convient.

Prénom ....

Tes résultats

Pendant ce temps, l'araignée s'est réveillée. Elle a voulu prendre le brandon et le porter aux hommes, mais le brandon avait disparu. L'araignée a cherché, elle a interrogé ceux qui se trouvaient par là.
Et elle a appris que la mouche, la vaillante, l'intrépide mouche, était allée chercher le feu au fond de l'enfer et en avait fait don aux hommes.
Indignée, l'araignée a crié :
– Mensonge et perfidie ! La mouche est une voleuse ! C'est moi qui suis descendue en enfer pour en ramener le feu. La preuve : regardez ma corde noircie par les flammes infernales.
L'araignée criait, mais personne ne la croyait. À présent que le feu vivait sur la terre, n'importe qui pouvait faire roussir des bouts de ficelle et prétendre remonter de l'enfer. Une preuve, ça ? Laissez-nous rire !
L'araignée a compris qu'il était inutile d'insister. Mais elle a médité sa vengeance. Lentement, patiemment, elle a tissé des toiles qu'elle a tendues sur le chemin des mouches. Et les mouches sont venues s'y prendre. Et l'araignée les a dévorées.
Avant que cela n'arrive, l'araignée se nourrissait du suc des fleurs. C'est après seulement qu'elle s'est mise à manger les mouches.
Par vengeance ! Et aussi un petit peu par gourmandise.
Il n'empêche que le peuple des mouches continue à profiter d'une récompense volée.
Les mouches sont chez elles sur toutes les tables de toutes les demeures de tous les habitants de la terre.
Elles y mangent et boivent comme elles veulent, autant qu'elles veulent.
Et elle ne disent même pas merci.

Muriel BLOCH, *365 Contes des pourquoi et des comment,*
Luda © Gallimard Jeunesse/Giboulées.

2. Dans ce conte, entoure en vert les adjectifs qui qualifient l'araignée et en rouge ceux qui qualifient la mouche.

3. Résume ce conte en une dizaine de lignes.

....

....

....

....

....

....

....

....

....

....

4. Relie chaque expression à sa définition.

Être tout feu, tout flamme. •	• N'y rien comprendre.
Faire feu de tout bois. •	• Être rempli d'ardeur, de zèle.
Feu de paille. •	• Utiliser toutes les possibilités.
N'y voir que du feu. •	• Passion passagère.
Jouer avec le feu. •	• Commencer à tirer.
Ouvrir le feu. •	• Traiter légèrement des choses dangereuses.

Prénom ....

Tes résultats  ☐  ☐  ☐

Les …………………………………… ……………………………………

Elles n'augmentent pas seulement la beauté de l'aquarium, mais contribuent aussi à son équilibre. Les poissons aiment s'y réfugier, et elles leur servent parfois de nourriture. Enfonce délicatement leurs racines dans la ……………………………… ………… ……………………………………. Sers-toi des ………………………………… pour maintenir les plus grandes en place.

L'alimentation des poissons

Nourris tes poissons une fois par jour en petite quantité. Il est conseillé de donner plutôt peu de nourriture que trop.

Le régime alimentaire doit être varié : ………………………………………………………………… (sous forme de flocons ou de poudre) ou proies vivantes (puces d'eau, petits vers que tu placeras dans une ……………………………………………………). Tu les trouveras facilement dans le commerce.

L'entretien de l'aquarium

Si l'eau devient verdâtre, c'est sûrement qu'il n'y a pas assez de lumière ou qu'il y en a trop, ou encore que les plantes sont trop ou pas assez nombreuses. Si les parois de l'aquarium se salissent, nettoie-les avec un ……………………………………………………………. Les déchets doivent être soigneusement et doucement retirés à l'aide d'une ……………………………………. En principe, tu n'as pas besoin de changer l'eau. De temps en temps, il faut seulement en rajouter un peu si le niveau baisse.

Les maladies des poissons

L'apparition de taches suspectes, le gonflement anormal du ventre, des mouvements soudain désordonnés sont des signes inquiétants. S'il nage de travers, ton poisson est sûrement malade. Prends-le avec une …………………………………… et isole-le dans un bocal à la même température. Le vétérinaire te dira ce qu'il faut faire.

La reproduction des poissons

Elle a lieu une fois par an, généralement au printemps. Le ventre de la femelle devient très gros car il est rempli d'œufs. Le mâle féconde les œufs pondus en projetant de la laitance. Au bout de quelques jours, les …………………………………… naissent. Il faut absolument les isoler dans une …………………………………… pour les protéger des adultes. Sinon, ils seraient dévorés.

Poissons tropicaux

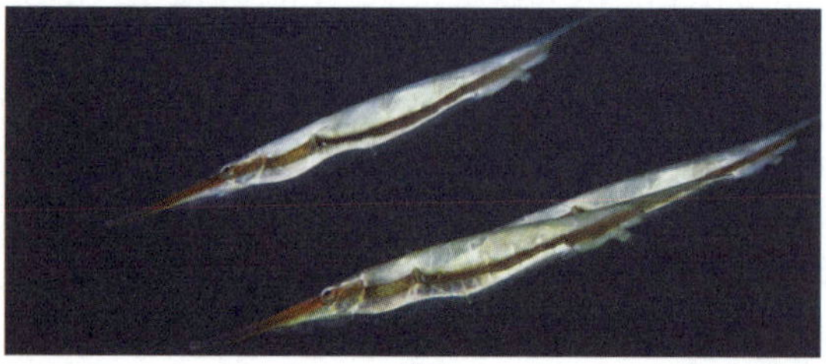

4. Utilise les renseignements suivants pour numéroter les poissons.

1 **Poisson-abeille :** ses larges rayures bicolores rappellent celles du corps de l'insecte.

2 **Poisson-couteau :** corps allongé. Se déplace grâce à l'ondulation de sa nageoire. Au repos, se met en position oblique, la tête en bas.

3 **Poisson-perroquet :** son nom vient de sa bouche crochue qui fait penser au bec d'un perroquet. Il s'en sert pour broyer les coquillages.

4 **Poisson-ange :** poisson de taille moyenne (30 cm) aux nageoires jaunes et aux rayures verticales bleues sur le dos.

5 **Poisson-hache :** dos rectiligne depuis la bouche. Bas du corps renflé en forme de demi-cercle.

6 **Poisson-crayon :** telle la mine d'un crayon, une bande longitudinale foncée parcourt le corps de ce petit poisson.

Prénom ....

Tes résultats

3. Trouve le titre de la bande dessinée et recopie-le à sa place.

En panne

Plus de monnaie

Le cœur léger

Pesez vos bagages

Ça balance drôlement

4. Coche le texte qui correspond à l'histoire.

☐ Boule se promène avec Bill. Devant une bascule, tous deux croisent une dame qui s'apprête à se peser.
Bill s'arrête brusquement : il vient d'avoir une idée. Sur la pointe des pattes, il s'approche de la dame pour monter sans bruit sur la bascule avec elle.
Malheur ! L'aiguille ne dépasse pas dix-huit kilos. La dame est effondrée. Elle pense avoir déréglé l'appareil. Bill, lui, file en riant.
Mais il s'arrête et réfléchit : « Pas plus de dix-huit kilos ? Mais alors, c'est ma faute si la bascule ne fonctionne plus ! » Bill fond à son tour en larmes. Boule est perplexe.

☐ Boule se promène avec Bill quand ils croisent une dame qui s'apprête à se peser. Bill s'arrête : il vient d'avoir une idée.
Sur la pointe des pattes, il s'approche de la dame pour monter sans bruit avec elle sur la bascule. Horreur ! L'aiguille indique une augmentation de poids de dix-huit kilos. La dame est effondrée.
Le farceur file en riant. Mais, soudain, il s'arrête et réfléchit : « Dix-huit kilos ? Mais, alors... c'est mon poids : comme je suis lourd ! » Maintenant, ils sont deux à se lamenter. Boule est perplexe.

☐ Boule se promène avec Bill quand ils croisent une dame qui s'apprête à se peser. Bill s'arrête : il vient d'avoir une idée.
Sur la pointe des pattes, il s'approche de la dame pour monter sans bruit avec elle sur la bascule. Horreur ! L'aiguille indique une perte de poids de dix-huit kilos. La dame est effondrée. Bill file en riant.
Mais il s'arrête et réfléchit : « Dix-huit kilos ? C'est beaucoup trop ! Je regrette d'avoir fait pleurer cette dame. » Maintenant, ils sont deux à se lamenter. Boule est perplexe.

Petit problème de poids

Les Fildefer se sont pesés ;
ils ont relevé les poids suivants : 44 g | 27 g | 15 g | 72 g | 54 g

5. Devine le poids de chacun en sachant que :

- Manu est plus lourd que Sam et Léon, mais moins lourd que Ben.
- Le poids de Sam est la moitié de celui de Gorgio.

6. Complète le texte puis le tableau.

Manu ne peut pas être le n° ......, ni le n° ......, car deux personnes pèsent moins que lui. Manu ne peut pas non plus être le n° ...... car une personne est plus lourde que lui. Manu est donc le n° ...... ou le n° .... Sam pèse ...... g et Gorgio ...... g car ce sont les seuls poids dont l'un est le double de l'autre. Sam est le n° ...... et Gorgio, le n° .... Si Gorgio est le n° ......, Manu ne peut être que le n° .... Restent Ben qui est le n° ......, et Léon qui est le n° ....

Du plus léger au plus lourd					
n°	1	2	3	4	5
Poids	....	....	....	....	....
Prénom	....	....	....	....	....

Prénom ....

Tes résultats ☐ ☐ ☐

❸ Traversée de la Manche en kayak

Le 29 juillet 1989, trois aventuriers en herbe (moyenne d'âge 17 ans), embarqués sur le même kayak, ont relié Poole à Cherbourg (154 km).
Mathieu Morverand, Jean-Charles Merriern et Mathieu Ali ont déjà un long passé de kayakistes derrière eux.
Leur embarcation est un kayak triplace de 5,70 m.

Le kayak triplace a été l'objet d'un aménagement particulier destiné au confort des rameurs, en abaissant le plancher afin que les pieds soient placés plus bas que le bassin. Nos trois navigateurs ont, en outre, bénéficié des conseils de Jean-Luc Ponchon, ex-champion du monde de canoë biplace.

3. Lis les textes de cette double page. Trace sur la carte le trajet de l'*Optimist* et celui des kayakistes.

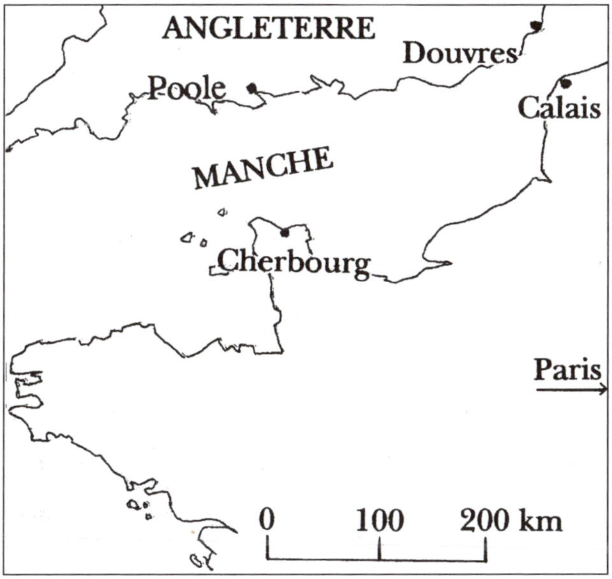

4. Entoure V (Vrai) ou F (Faux).

Vincent Lenoir a emprunté la même voie que les gros navires.	V	F
Jean-Luc Planchon a été champion de canoë biplace.	V	F
Christelle Leroy a été la plus jeune nageuse à traverser la Manche.	V	F
L'eau était à 15 °C lors de la traversée de Christelle.	V	F

5. Parmi les trois exploits de cette page, quel est celui que tu trouves le plus extraordinaire ? Explique pourquoi.

....

....

....

L'Eurotunnel

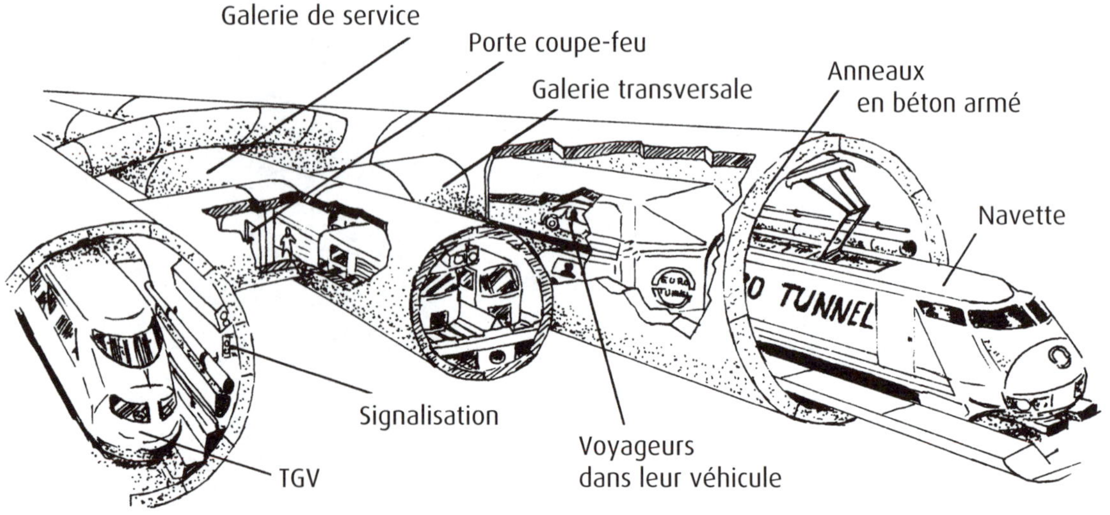

6. Complète le texte avec les mots ou les chiffres suivants.

Paris – Calais – Manche – France – Grande-Bretagne – véhicule – camions – trains – voyageurs – sécurité – trois – 38 – 1987 – 1993 – millions – mètres – kilomètres

Le 29 juillet ...., la France et la ....-.............................. décident la construction d'un tunnel sous la ...., l'Eurotunnel. Ce tunnel est fait uniquement pour les .... Il a une longueur totale de 50 ...., dont .... kilomètres passant à 40 .... sous le fond de la mer. Il est composé de .... tunnels parallèles dont l'un, relié aux autres, sert à l'entretien, à l'aération et à la ....

En ...., l'entrée du tunnel est située à Coquelles, près de .... En Grande-Bretagne, la sortie se trouve à Folkestone près de Douvres.

Les .... peuvent soit prendre le train à ...., un TGV, soit venir en voiture jusqu'à l'entrée du tunnel et charger leur .... sur un train-navette. Des navettes transportent aussi les .... chargés de marchandises.

Dès son ouverture en ...., le tunnel a été utilisé par 30 .... de voyageurs par an.

Prénom .... **Tes résultats** ☐ ☐ ☐

glaciers

Le sais-tu ?

Les glaciers sont de bons indicateurs des changements climatiques. Actuellement, ils voient tous leur taille diminuer comme la mer de Glace, du fait du réchauffement climatique.

La mer de Glace

La mer de Glace est **le plus grand glacier de France**. Elle se trouve dans le massif du Mont-Blanc entre 1 400 et 3 900 mètres d'altitude.
D'une superficie d'environ 30 kilomètres carrés, elle est aussi étendue que la ville de Lyon !
Jusqu'au début du XIXe siècle, on pouvait voir la mer de Glace depuis la ville de Chamonix située dans la vallée. Aujourd'hui, on ne peut en distinguer qu'une partie depuis Chamonix car **elle a bougé et s'est rétractée**.

4. Vrai (V) ou Faux (F) ? Écris V ou F.

- La masse de la mer de Glace a augmenté depuis 100 ans. ☐
- L'aquarelle et la photographie représentent un paysage de montagnes. ☐
- La photographie représente le mont Blanc. ☐
- Les glaciers diminuent lorsque le climat se réchauffe. ☐

5. Coche ce qui est vrai.

- La mer de Glace est un glacier français. ☐
- Elle se trouve à Lyon. ☐
- Elle est située dans une vallée. ☐
- Elle est visible depuis la ville de Chamonix. ☐

La randonnée

Après une bonne nuit passée sous la tente et un bon petit déjeuner, nous voilà prêts pour l'étape de la journée, six heures de marche. C'est le printemps et l'air frais nous caresse le visage. Au détour d'un chemin, un **pic épeiche** nous montre le bout de son bec dans un trou d'arbre. Plus loin, les belles couleurs des **orchidées** attirent notre regard. Il nous reste encore une grande prairie à traverser avant d'arriver à la **source**.

C'est l'occasion de faire une petite halte et de remplir nos gourdes. Au loin, on voit les **aiguilles** enneigées et on entend le sifflement des **marmottes** heureuses de sortir le bout du nez après un long hiver dans leur terrier. Il nous reste encore deux heures de marche avant d'atteindre notre nouveau **refuge** pour la nuit.

6. Recopie les mots du texte correspondant à ces définitions.

.... : mammifères rongeurs à la fourrure épaisse qui hibernent jusqu'à huit mois par an.

.... : abri de haute montagne dans lequel les randonneurs et les alpinistes peuvent passer la nuit.

.... : endroit où une eau souterraine sort à la surface du sol.

.... : sommet très effilé d'une montagne.

.... : plante remarquable par ses belles fleurs.

.... : oiseau au plumage noir, blanc et rouge nichant dans les trous d'arbres.

Prénom .... **Tes résultats** ☐ ☐ ☐

Quelles menaces pèsent sur la biodiversité ?

Les espèces animales et végétales disparaissent de façon naturelle, on appelle cela une **extinction d'espèce**. L'extinction des dinosaures, il y a 65 millions d'années, s'est produite à la suite de l'impact d'une météorite sur notre Terre.
Mais depuis une cinquantaine d'années, les extinctions d'espèces augmentent.
Les scientifiques pensent même que 100 espèces animales et végétales disparaissent pour toujours chaque jour !

Papillon Apollon, protégé en France

L'**augmentation des activités humaines** contribue fortement à la baisse de cette biodiversité car nous utilisons toujours :

- plus de combustibles (charbon, pétrole...),
- plus de nourriture (défrichement et création de terres cultivables),
- plus de matières premières (exploitation excessive des ressources en bois, fer...).

La disparition des espèces végétales et animales est liée à la **dégradation de leurs milieux de vie**. La pollution, l'introduction d'espèces exotiques, la destruction de la faune et de la flore par la chasse ou la cueillette, et la surexploitation des milieux naturels sur terre et sur mer sont les principales menaces qui pèsent sur la biodiversité.

Le sais-tu ?

Sais-tu que la dégradation de notre planète entraîne l'assèchement des marais, la destruction des forêts et augmente les surfaces des zones désertiques ?

Exploitation d'une carrière à ciel ouvert

Le **dodo** était un oiseau que l'on trouvait uniquement sur l'île Maurice. La chasse intensive a fait disparaître cet animal unique à la fin du XVIIe siècle.

2. Réponds aux questions suivantes après avoir lu la double page centrale.

- Combien connaît-on d'espèces animales et végétales aujourd'hui ?

....

- Pourquoi ne pourrons-nous pas découvrir toutes les espèces ?

....

....

....

....

....

- Cite cinq milieux très riches en biodiversité.

....

....

....

....

- Qu'est-ce qu'une plante endémique ?

....

....

....

- Cite un exemple de plante endémique.

....

- Combien d'espèces animales et végétales disparaissent chaque jour d'après les scientifiques ?

....

- Cite un animal qui a disparu car il a été trop chassé par l'homme.

....

Prénom .... **Tes résultats**  ☐  ☐  ☐

4. Retrouve la phrase ajoutée qui est en contradiction avec les autres phrases du texte. Barre-la.

« Andros, dit-il ; tu es au courant de ce qui se passe ?
– Vaguement, dit Bobenboe, on dit que la guerre
des gangs recommence. »
Borknan ricana. Il remarqua que son portable
n'avait plus beaucoup de batterie et il se mit
à parler très vite car il avait peur que
la communication ne soit coupée.
« La Mafia est après moi, dit-il, je liquide
et je m'en vais. »
Bodenboe laissa échapper un long sifflement.
« Tu veux tout vendre ?
– Immédiatement, dit Borknan, pendant
qu'il est encore temps ; je garde la Cadillac,
je remplis une valise de linge
et je prends un aller simple
pour les Bahamas… Envoie-moi
tout mon fric là-bas. »
Borknan réfléchit et ajouta :
« À combien s'élèvent pour l'instant
mes comptes en banque ?
– Tu veux au *cent* près ou j'arrondis
au dollar au-dessus ?
– Au *cent* près. »
Charles Bodenboe ferma les yeux, compulsa
rapidement un petit carnet noir et graisseux,
le posa, prit sa respiration et récita d'une traite :
« 1 743 852 077 963 125 548 807 614 545 951 642 dollars et 15 *cents*. »

[…] « Il faut que je te voie, dit-il, j'ai eu une idée et je voudrais t'en parler. Rendez-vous dans une demi-heure sur les quais, au dock n° 12. »
Il raccrocha et aspira l'air frais du matin. Cela faisait des années qu'il n'avait pas respiré autre chose que de l'air conditionné. Il décida de marcher un peu à pied et laissa sa voiture le long du trottoir.
Andros Borknan partit en direction de la mer. Il vivait à New York depuis près d'un demi-siècle et ne se rappelait plus qu'elle était là, toute proche… Il y avait même des mouettes comme dans les tableaux.

Claude Klotz, *Drôle de samedi soir*, © Le Livre de Poche Jeunesse, 2001.

Si tu lis cette nouvelle, tu verras que le destin de Borknan va croiser celui d'Andréa Vinford, une vieille dame de 72 ans, d'une bien étrange façon…

5. Vrai (V), Faux (F) ou Le texte ne le dit pas (?) ? Écris V, F ou ?.

- Borknan possède des entreprises et des chantiers. ☐
- Borknan possède une Cadillac. ☐
- Borknan possède une compagnie aérienne. ☐
- Borknan n'a plus un seul allié. ☐
- Le chef de la Mafia s'appelle Barbina. ☐
- Borknan a décidé de fuir au Brésil. ☐
- Cela fait des mois que Borknan lutte contre la Mafia. ☐
- Il a tous ces problèmes à cause d'un cadavre. ☐
- Borknan n'a peur de rien. ☐

Prénom ……………………………………………… **Tes résultats** ☐ ☐ ☐

1. Lis.

Expédition en pirogue sur le fleuve Amazone

Le patron de la pirogue, de l'arrière, faisait un signe discret à ses hommes, et la pirogue venait doucement s'immobiliser au-dessous d'un de ces gigantesques arbres qui débordent parfois au-dessus des eaux.

L'homme levait la tête vers l'**enchevêtrement** de branchages et de feuilles qui montaient jusqu'à cinquante mètres dans le ciel. Nous regardions comme lui, mais ne voyions rien jusqu'au moment où il tirait.

Alors un oiseau, une dinde sauvage ou un paujil – cet énorme gallinacé de la forêt, gros comme une oie domestique – tombait à nos pieds. Ou bien c'était un **iguane** gris et jaune ou vert et rouge, tout semblable à un dragon. D'autres fois, tout le monde se mettait à rire dans la **pirogue**, et un homme, du bout de sa perche ou de sa **pagaie**, frappait quelque chose dans le feuillage, à deux mètres de nous. J'apercevais alors un boa endormi, gros comme une lance d'arrosage, et qui, depuis la branche où nous l'avions surpris, déroulait un à un ses anneaux et disparaissait dans le feuillage.

D'après Alain Gheerbrant, *L'expédition Orénoque-Amazone*, © Gallimard.

2. Explique les mots.

- L'enchevêtrement de branchages, c'est :
  - ☐ des branches bien ordonnées.
  - ☐ un mélange de branches emmêlées.
- Une pirogue, c'est :
  - ☐ une sorte de barque.
  - ☐ une petite maison.
- Un iguane, c'est :
  - ☐ un cactus.
  - ☐ un reptile.
- Une pagaie, c'est :
  - ☐ une voile.
  - ☐ une rame.

3. Écris les noms des animaux cités dans ce texte.

....

....

Un fleuve-océan

Longue de 7 025 km, l'Amazone prend sa source au Pérou, dans la Cordillère des Andes. Gonflé de 1 100 affluents, ce fleuve géant paresseux étale, en période de crue, des méandres sur plus de 100 km de large. Sa pente est si faible que la marée remonte à près de 1 000 km à l'intérieur des terres.

Il déverse dans l'Atlantique autant d'eau en un jour que la Seine en un an et adoucit les eaux jusqu'à 200 km au large.

Le poumon du monde

Sur des milliers de kilomètres, l'Amazone traverse un **domaine vert** presque impénétrable : la plus grande forêt vierge du monde. Il y fait très chaud, et surtout très humide !

À la saison des pluies (sept mois sur douze), la forêt est un immense marécage. On ne peut y pénétrer qu'en bateau. En saison sèche, il pleut une heure ou deux par jour seulement.

Cette immense réserve forestière produit, à elle seule, la moitié de l'oxygène dégagé par toutes les plantes de la Terre.

L'An

4. Coche ce qui es

- Le fleuve Amazone s
  - ☐ Atlantique.
  - ☐ Pacifique.
- Le fleuve Amazone a
  - ☐ aucun affluent.
  - ☐ plus de 1 000 aff
- Comparé à celui de l
  - ☐ à peu près le mê
  - ☐ trois cents fois su
- On appelle l'Amazon à cause de...
  - ☐ la pureté de l'air
  - ☐ la quantité d'oxy
- La voûte formée par arbres atteint...
  - ☐ plus de 60 mètre
  - ☐ de 30 à 35 mètre
- Sous cette voûte, au
  - ☐ chaud, humide e
  - ☐ chaud, sec et cla
- Des plantes aux fleu contact avec le sol :
  - ☐ les orchidées.
  - ☐ les nénuphars.
- Les redoutables pira
  - ☐ des Indiens de la
  - ☐ des poissons car

25 Les araignées

1. Lis.

Qu'est-ce qu'une araignée ?

D'abord, il faut savoir qu'une araignée n'est pas un insecte. Elle possède huit pattes contre six pour les insectes et son corps est composé de deux parties alors qu'un insecte en a trois. Les araignées font partie de la famille des arachnides. Leur corps est recouvert de poils. On connaît environ 35 000 espèces d'araignées dont près de 1 500 en France.
Elles sont toutes carnivores et possèdent des glandes à venin pour tuer ou immobiliser leurs proies.
Le plus souvent, leur nourriture se compose de petits insectes. Les araignées ne s'attaquent pas à l'homme et, en France, aucune n'est mortelle.
Il existe plusieurs techniques de chasse pour les araignées. La plus connue est la chasse « au piège » qui consiste pour l'araignée à tisser une toile.
Mais certaines araignées ne font pas de toile et chassent « à la poursuite ».
Dans ce cas, elles courent sur le sol et bondissent sur leur proie pour la mordre. D'autres encore se fatiguent moins et chassent « à l'affût ». Elles attendent patiemment le passage d'un insecte, par exemple en se cachant dans une fleur.

Le sais-tu ?

La plus grande des araignées est la mygale. Elle est recouverte de poils longs et habite dans des régions chaudes.
Originaire de Guyane et du Brésil, une de ces mygales est appelée Matoutou en langue créole.

2. Quelles sont les trois techniques de chasse des araignées ?

....

....

....

3. Donne le nom d'une mygale en créole.

....

4. Parmi ces trois schémas, entoure celui qui représente une araignée.

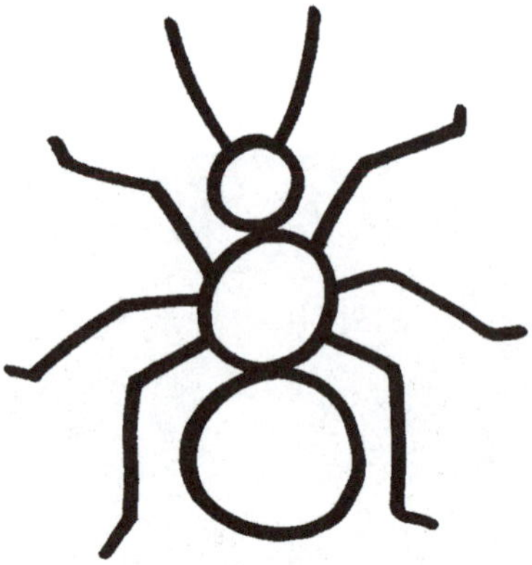

Tête
Thorax
Abdomen
2 antennes
6 pattes

Tête
Abdomen
2 antennes
6 pattes

Tête
Abdomen
2 antennes
8 pattes

Des déplacements aériens

Chez certaines espèces d'araignées, les petits s'envolent dans les airs afin de s'installer dans des espaces libres, loin de leur lieu de naissance. Tous les jeunes issus d'un même cocon partent pratiquement au même moment. Or les araignées n'ont pas d'ailes.
Pour s'envoler, elles fabriquent de longs fils de soie légère qui offrent une prise au vent et les entraînent dans l'atmosphère. Le ciel peut se retrouver ainsi envahi d'une multitude de fils de soie, nommés fils de la vierge.

5. Vrai (V) ou Faux (F) ? Écris V ou F.

- Les araignées s'envolent au printemps. ....
- Les araignées d'un même cocon partent ensemble dans les airs. ....
- Les longs fils de soie permettent aux araignées de voler. ....

Six films de Charlie Chaplin

1. Voici des photos extraites de six films de Charlie Chaplin. Associe-les à leur légende en les numérotant.

☐

☐

☐

☐

☐

☐

1 **UNE VIE DE CHIEN** – 1918 – Dans ce film, Charlot et son chien partagent la même misère.

2 **CHARLOT SOLDAT** – 1918 – Dans ce film, Charlot montre les conditions de vie très difficiles des soldats dans les tranchées pendant la Première Guerre mondiale.

3 **THE KID (Le Gosse)** – 1921 – Charlot se prend d'affection pour un enfant abandonné.

4 **LES TEMPS MODERNES** – 1936 – L'aventure d'un ouvrier confronté à la mécanique industrielle et aux difficultés sociales.

5 **LE DICTATEUR** – 1940 – Chaplin ridiculise Hitler et dénonce les dictatures en Europe.

6 **LES FEUX DE LA RAMPE** – 1952 – Un vieux clown, que le succès délaisse, sauve une jeune danseuse de la maladie.

Charlie Chaplin devient Charlot

Charlie Chaplin en 1930

Avec un chapeau melon, une canne et une paire de godillots, Charlot est l'un des personnages les plus célèbres du cinéma. Comment l'acteur Charlie Chaplin a-t-il créé Charlot ?

Au début du siècle dernier, le jeune Charlie Chaplin, issu d'une famille d'artistes, tente de gagner sa vie en jouant la comédie dans les cabarets des faubourgs de Londres.

Plein de talents, il chante et danse dans différentes troupes de théâtre mais sans grand succès. Les temps sont difficiles : c'est la misère en Angleterre.

En 1910, à 22 ans, le jeune Charlie tente sa chance en Amérique.

Il accompagne son frère, comédien lui aussi, dans une tournée à travers les États-Unis. Charlie n'a qu'un tout petit rôle mais un réalisateur de cinéma remarque son talent et l'engage comme acteur pour tourner dans ses films.

Il demande à Charlie de créer un personnage qui ne doit pas parler, car à cette époque, le cinéma est muet.

Charlie fouille dans un coffre de déguisements et il crée ce vagabond au costume qui rappelle son enfance misérable en Angleterre : un chapeau rond comme en portent les petits Anglais, un pantalon large et une veste étriquée. Il choisit des chaussures trop grandes comme celles des clochards et en accessoire, une canne comme en ont les bourgeois de l'époque.

Charlot vient de naître : son succès est immédiat. Son talent de mime touche les publics du monde entier. Sans parler, il arrive à tout dire. Quelle que soit sa situation, Charlot boxeur, patineur ou magasinier déclenche le rire et l'émotion.

Pourtant, l'époque n'est pas drôle. De 1914 à 1918, la Première Guerre mondiale ravage l'Europe. Puis la crise économique, la famine, le racisme menacent l'Amérique.

Dans ses films, il dénonce les misères de son époque : la guerre dans *Charlot soldat*, le chômage, la solitude dans *Les Lumières de la ville* et *Les Temps modernes*.

En 1940, tandis que le monde tremble devant Hitler, Charlie Chaplin le ridiculise dans *Le Dictateur*.

Charlie Chaplin a aujourd'hui disparu : sa mort date de 1977.

Mais grâce à lui, Charlot restera à tout jamais un des personnages de cinéma les plus célèbres car il touche et touchera toujours le cœur des hommes avec humour et poésie.

27 Histoires de monuments

1. Lis.

La tour Eiffel en chiffres

La tour Eiffel est la plus haute tour jamais construite en France. Elle a été conçue par Gustave Eiffel (1832-1923) pour l'Exposition universelle qui s'est tenue à Paris en 1889 et a été construite en 2 ans, 2 mois et 5 jours, un record de vitesse pour l'époque.

Haute de 300 mètres (321 mètres aujourd'hui avec son antenne), elle se compose de plus de 18 000 poutres de fer assemblées par plus d'un million de rivets. Elle pèse 7 340 tonnes et compte 1 792 marches pour accéder jusqu'au troisième étage. Il est prévu qu'elle puisse osciller de 13 centimètres par grand vent.

Tous les 7 ans, la Dame de fer se refait une beauté : 45 000 kilos de peinture antirouille de couleur marron sont utilisés : une quarantaine de peintres mettent une année pour la repeindre entièrement.

2. Réponds aux questions par des phrases.

Au sujet de la tour Eiffel :

- Pour quelle occasion a-t-elle été construite ? ....

....

- Qui a réalisé sa conception ? ....
- Quelle est sa hauteur ? ....
- Combien d'étages la composent ? ....
- Combien compte-t-elle de marches ? ....
- Quel est son poids ? ....
- Quelle est sa couleur ? ....
- Comment la surnomme-t-on ? ....

3. Redonne son titre à chaque encadré ; note les numéros dans les cases.

1 Un gigantesque Meccano

2 Au troisième étage

3 Une idée folle

4 Un constructeur de génie

5 Poisson d'avril

6 Un projet critiqué

☐ La tour Eiffel n'a pas plu à tout le monde. À l'époque, de nombreuses personnes critiquent le projet d'Eiffel.
Certains pensent qu'elle n'est qu'un horrible tas de ferraille, le déshonneur de Paris, d'autres redoutent qu'elle ne leur tombe sur la tête !

☐ Tout en haut, on a installé un paratonnerre, une antenne, une salle pour les émissions radiophoniques et télévisées, une station météorologique, des appareils d'observation scientifique.
Gustave Eiffel a même aménagé un petit appartement où il pouvait recevoir ou travailler. Aujourd'hui, on peut le visiter.

☐ L'inauguration a eu lieu le 31 mars 1889, juste après la fin des travaux. Eiffel avait pensé recouvrir la tour d'un gigantesque drap que le Premier ministre aurait fait tomber comme pour les inaugurations de statues ! Mais on calcula qu'il aurait fallu 75 000 mètres de toile pour arriver à cacher le monument. Eiffel renonça à cette idée.

☐ La tour Eiffel est composée de milliers de poutres métalliques assemblées par des millions de rivets. Les pièces s'emboîtent parfaitement les unes dans les autres comme un jeu de Meccano géant.
La tour pourrait être démontée et remontée dans un autre lieu. À l'origine elle était prévue pour rester 20 ans.

☐ L'ingénieur Gustave Eiffel (1832-1923) a réalisé de nombreuses constructions métalliques : des gares, des usines...
Mais c'est avant tout un génial constructeur de ponts et de viaducs. On lui en doit une cinquantaine dans le monde. Il a aussi dessiné la structure de la statue de la Liberté du port de New York.

☐ Le 1er avril 1960, la télévision fait une farce mémorable aux spectateurs qui la regardent à ce moment. On annonce que la tour Eiffel va déménager et enjamber la Seine : deux pieds sur la rive droite, deux pieds sur la rive gauche.
Tout le monde y croit... pendant 24 heures.

28 Histoires de rapaces

1. Lis.

Le faucon déniché

Martin a un secret : il cache un jeune faucon qu'il réussit à apprivoiser.
C'est une aventure dangereuse car, en ce temps-là, un petit paysan risque la prison s'il garde pour lui l'oiseau réservé aux chasses du seigneur.
Mais Martin s'en moque, il refuse de se soumettre et rien ne l'arrêtera.

Martin ne pouvait contenir sa fierté. Lui, le petit **serf** aux pieds nus, il enlevait son **surcot**, l'enroulait autour de sa main, ouvrait la cage et recevait sur son poing le rapace dompté.

« Viens, mon doux, viens, tu vas manger. »

[…] Le seigneur était rentré de la chasse. Il y avait même, ce soir-là, un **troubadour** au château. Martin l'avait rencontré en chemin. Que pouvaient craindre les deux amis ?

« Va mon beau, va ! Et reviens ! »

Le **hobereau** déploya ses ailes et cela fit un froissement soyeux à peine perceptible. Déjà, il s'était enlevé. Plus rapide que le **martinet** qui allait y perdre la vie, plus silencieux que la chauve-souris engloutie en plein vol, il sillonnait le ciel.

Martin le suivait des yeux, **taraudé** d'incertitude quand il fondait dans l'air du soir, plus alarmé encore quand il volait en direction du village où les gens du château pouvaient le remarquer.

« Pourquoi va-t-il si loin ? Il se fera découvrir ! »

Le jeune garçon **modula** un sifflement très doux, très long, qui était un ordre pour l'oiseau. Puis il attendit. D'interminables secondes. Une amitié se jouait en ce temps si court qui paraissait un siècle pour Martin.

« Reviendra-t-il … ? S'il ne revenait pas… ? On dit les hobereaux **fantasques**. **Maints** d'entre eux ont résisté au dressage. Peut-être l'ami va-t-il préférer la liberté. »

Martin sentait son cœur qui battait, qui battait.

Il fixait le ciel. Cette attente inquiète, renouvelée tous les soirs, l'épuisait et l'excitait comme un jeu dangereux.

Et puis son cœur se dénoua. Ses yeux, douloureux de tant fixer la nuit, retrouvèrent le battement de paupières. Car un point sortait de l'ombre, plus noir qu'elle. Il grossit, grossit, il prit forme. Il avait deux ailes ! Il approchait !

« C'est lui ! »

Martin, gonflé de joie, tendit son bras et reçut le faucon qui s'y posa en silence.

« Tu m'as fait peur, grand diable ! Tu me fais toujours peur ! »

D'un doigt, il lissa les plumes de la tête, sur cette traînée plus claire au-dessus de l'œil, qui ressemblait à un sourcil froncé. L'oiseau se laissa caresser. Il avait mangé à satiété, il était **repus**, et cette amitié qu'il donnait, il l'avait librement consentie.

Jean-Côme Noguès, *Le Faucon déniché*,

29 Des outils pour écrire

Un serviteur modeste, le crayon

1. Lis et complète avec les mots suivants.

Angleterre – blancs – graphite – mélanger – bois – foncée – fabrique – argile

Le crayon tire son nom du mot « craie » : les premiers crayons étaient constitués de craie et traçaient des traits .... !

La découverte, au XVIe siècle, en Angleterre, de mines de graphite ou plombagine, variété de carbone .... et friable, donne naissance aux crayons de plombagine introduits en France sous Louis XIII. Les morceaux de .... sont tenus serrés entre deux languettes de métal. Pendant la Révolution française, la guerre entre la France et l' .... fait du graphite un produit rare et cher. Le Comité de salut public demande à un chimiste français, Nicolas- Jacques Conté, de trouver un moyen de fabriquer des crayons « artificiels ». Conté a l'idée de .... du graphite et de l'.........................., de cuire une mine formée de ce mélange et de l'incorporer dans une tige de .... creuse. Le crayon moderne est né. Les bois utilisés sont le tilleul et l'épicéa pour les crayons ordinaires, le cèdre et le thuya pour les crayons de qualité. La .... créée par Conté et qui porte son nom existe toujours.

Tous les crayons à papier ne sont pas identiques. Certains tracent des traits très clairs, faciles à gommer ; on parle de crayons secs ou durs (*Hard* en anglais). D'autres au contraire tracent des traits très foncés, difficiles à gommer ; on parle alors de crayons gras (*Bold* en anglais). Chaque crayon porte donc un code pour que l'on sache s'il est plus ou moins sec ou gras : d'abord un nombre puis H ou B. Un crayon 4H sera plus sec qu'un crayon 1H et un crayon 3B plus gras qu'un crayon 2B. Au milieu, on trouve le crayon HB que tu as probablement dans ta trousse.

2. Classe les crayons suivants du plus gras au plus sec.

5H – 2B – 6B – 2H – HB – 4B – 1H

....

Le crayon magique

Émilie trouve un crayon sur le trottoir. Il est apparemment semblable à tous les crayons mais, tout à coup, il lui parle et lui apprend qu'il est magique.

Un jour, commence-t-il, j'ai été acheté dans une papeterie par un jeune comptable qui voulait écrire ses chiffres bien lisiblement. J'étais tout heureux de pouvoir m'occuper un peu. Aussi, les premiers temps, je me suis appliqué à faire des chiffres parfaits.

Au début, c'était très amusant. Mais je n'ai pas tardé à trouver cette occupation plutôt monotone. J'aurais préféré dessiner ! D'après mes amis du magasin, c'était quelque chose d'extraordinaire. Ils m'avaient dit qu'on pouvait représenter des maisons, des oiseaux, des fleurs… et même des choses qui n'existent pas. Et voilà que j'étais condamné à tracer des chiffres du matin au soir…

Je commençais à me dire que je ne dessinerais jamais lorsque le miracle s'est produit. Le comptable était au téléphone. Soudain, il a dessiné une petite cerise bien ronde, à laquelle il a ajouté une queue et une feuille. C'était mon premier dessin ! J'étais ravi. Et quelle surprise, quand j'ai vu la cerise se gonfler, prendre du relief, sortir du papier et rouler sous la table !

Le comptable, qui regardait en l'air, ne s'est aperçu de rien. Mais pour moi, quelle découverte ! J'étais magique ! À partir de ce moment-là, j'ai décidé de ne plus écrire ni gribouiller. Quand le comptable a voulu me faire faire des chiffres, j'ai cassé ma mine à plusieurs reprises. À la fin, exaspéré, il m'a jeté par sa fenêtre qui était ouverte. C'est ainsi que je me suis retrouvé sur le trottoir et que tu m'as marché dessus… Au fait, tu aimes dessiner, j'espère ?

– Et comment ! s'exclame Émilie qui a écouté le récit du crayon avec passion. Tu veux qu'on essaie tout de suite ?

Le football

1. Lis.

Le football aujourd'hui

Le football est un sport qui oppose deux équipes de 11 joueurs.
Il consiste à faire pénétrer un ballon dans la cage de but de l'équipe adverse.
Les règles du jeu sont définies très précisément, tout comme les dimensions du terrain de jeu.

Taille d'un terrain de jeu idéal

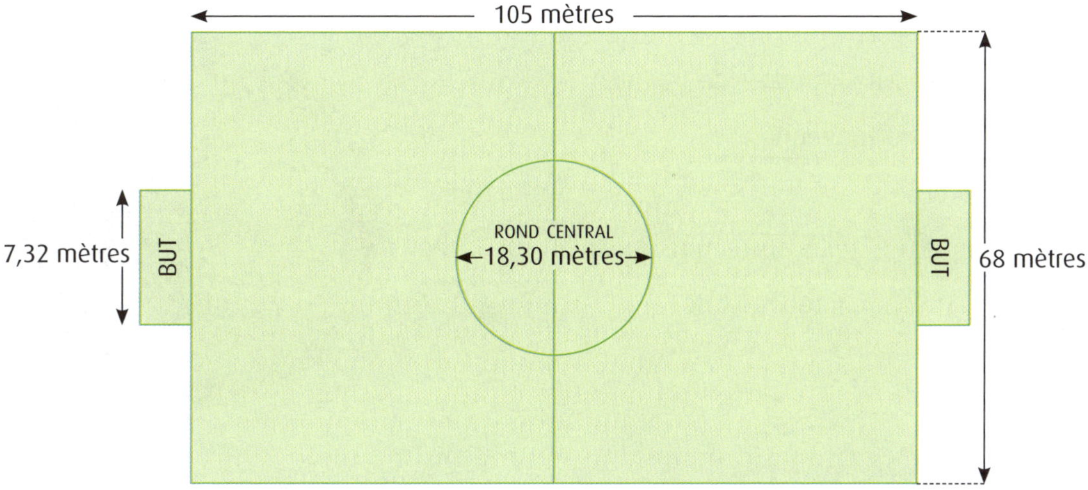

2. À l'aide des indications ci-dessus et du dessin, remplis le tableau suivant.

Nombre d'équipes		
Nombre de joueurs dans chaque équipe		
	Longueur	Largeur
Terrain		
But		

Le sais-tu ?

Certains terrains de football sont recouverts de faux gazon. Ce gazon est constitué de fibres plantées dans un mélange de sable et de granules de caoutchouc fabriqués à partir de pneus de voiture recyclés.

Le ballon de football

3. Place dans le texte à trous les mots de la liste qui conviennent.

1 mètre et 40 centimètres – mosaïque – fil – 21 centimètres – points de couture – 430 grammes

Le ballon de foot d'aujourd'hui est une .... de 32 pièces. Il est formé de 12 pentagones et de 20 hexagones. Ces pièces sont cousues entre elles par 18 mètres de .... et 1 000 .... Cela nécessite 4 heures de travail.

Le ballon pèse en moyenne .... et mesure environ .... de diamètre. Il est fabriqué de telle sorte que lorsqu'il est lâché de 2 mètres de haut, il rebondit de ....

4. Trouve la réponse à chaque devinette parmi les mots de la liste.

ballon – goal – supporter – arbitre – téléspectateur

- Je suis le gardien du temps et dois veiller au bon déroulement du match et au respect des règles du jeu. Je suis l' ....
- Je suis dans la cage de but et dois rester très attentif tout au long du match afin de ne rien laisser passer. Je suis le ....
- Je mesure 21 centimètres de diamètre et pèse en moyenne 430 grammes. Je n'accepte que les coups de pied. Je suis le ....
- Je suis assis dans les tribunes, chante et agite des drapeaux aux couleurs de mon équipe préférée. Je suis le ....
- Je suis chez moi, devant mon poste de télévision, et ne manque pas une minute du match qui se déroule sous mes yeux. Je suis le ....

1. Lis.

Quand Vénus passe devant le Soleil…

Parfois, la planète Vénus passe entre la Terre et le Soleil. Cela s'est produit en 1761, 1769, 1874, 1882, 2004 et le 6 juin 2012.
Ce genre d'événement est très rare. Cela n'arrive que deux fois par siècle en moyenne !
Pour nous, Vénus et Mercure sont les deux seules planètes qui peuvent passer devant le Soleil car elles sont plus proches du Soleil que notre planète bleue.
Quand Vénus passe devant le Soleil, elle apparaît comme un minuscule point noir qui se détache sur la surface du disque solaire. Attention, le Soleil étant très lumineux, on ne peut pas le regarder sans se protéger car c'est dangereux pour les yeux ! Pour pouvoir observer la planète Vénus devant le Soleil, il faut donc se procurer des filtres permettant d'atténuer beaucoup la lumière du Soleil.
Les hommes connaissent ce phénomène depuis plusieurs siècles. Grâce aux astronomes qui savent calculer les trajectoires des planètes, on peut connaître longtemps à l'avance les dates de ces événements. On sait donc qu'il faut attendre le 11 décembre 2117 pour voir de nouveau Vénus passer devant notre étoile !

2. Vrai (V) ou faux (F). Écris V ou F.

- Saturne passe régulièrement devant le Soleil. ☐
- Pour observer le Soleil, il faut se protéger les yeux. ☐
- Il est très rare qu'une planète passe devant le Soleil. ☐
- Lorsque Vénus passe devant le Soleil, elle le cache complètement. ☐
- On peut savoir à l'avance à quel moment Vénus passera devant le Soleil. ☐

Pauvre monsieur Le Gentil

On ne peut pas voir Vénus passant devant le Soleil de n'importe où sur la Terre... Ainsi, au XVIIIe siècle, un astronome français appelé Guillaume Le Gentil partit en Inde pour observer cet événement. Mais malheureusement, cela ne fut pas possible à cause d'une guerre. Alors il dut attendre 5 ans de plus car il savait que cela devait se reproduire. Mais cette fois-ci, les nuages l'empêchèrent d'observer le phénomène. Le pauvre Legentil rentra en France plus de 10 ans plus tard et découvrit que sa femme, le croyant mort, s'était remariée.

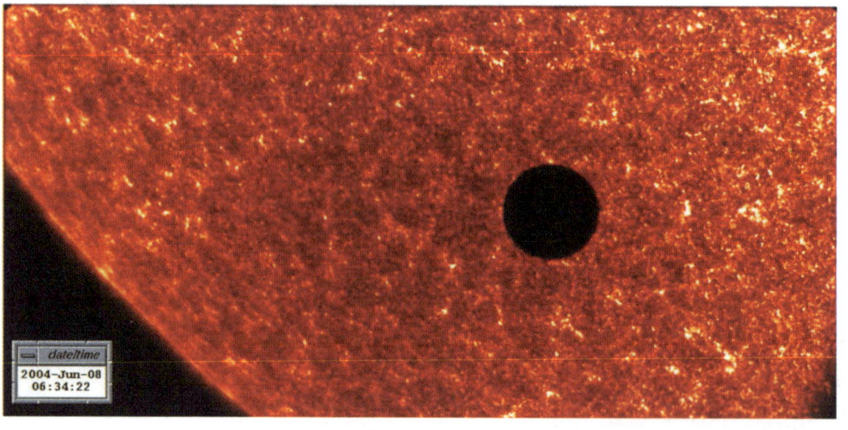

Vénus passant devant le Soleil – Image Trace-Nasa.

Le sais-tu ?

Une étoile est un astre très chaud qui produit de la lumière alors qu'une planète est un corps froid qui ne fait pas de lumière. Lorsque l'on parle de l'étoile du Berger, on fait une confusion car il s'agit en fait de la planète Vénus.

On la surnomme ainsi car elle est visible le soir ou le matin, à l'heure où le berger rentre ou sort ses moutons.

Vénus.

Le Soleil

3. À l'aide d'un dictionnaire, remplis la carte d'identité du Soleil.

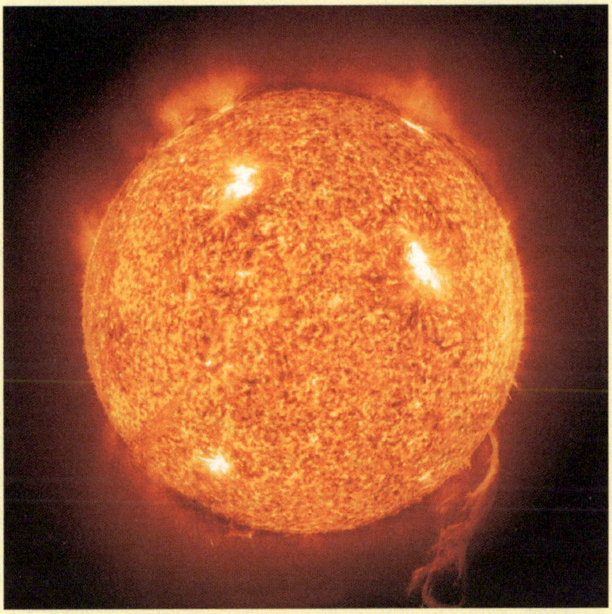

Taille : ....

....

Distance à la Terre : ....

....

Couleur : ....

....

Température de surface : ....

....

....

Âge : ....

Nombre de planètes tournant autour de lui : ....

....

....

Composition : ....

....

....

Le sais-tu ?

La couleur d'une étoile est liée à sa température. Ainsi, une étoile rouge est plutôt froide et une bleue, plutôt chaude. Le Soleil possède une température moyenne. Il est de couleur jaune.

Entretien avec un astronome

4. Voici des réponses faites par un astronome à un journaliste. Retrouve les questions qui lui ont été posées.

Question : ……………………………………………………………………

…………………………………………………………………………… ?

Nous utilisons aujourd'hui de très grands télescopes pour observer les planètes et les étoiles avec une grande précision.

Question : ……………………………………………………………………

…………………………………………………………………………… ?

L'atmosphère gêne l'observation des astres. C'est pourquoi les observatoires se trouvent souvent en altitude. Plus on est haut, plus la couche d'atmosphère traversée par la lumière des étoiles est mince et donc moins gênante.

Question : ……………………………………………………………………

…………………………………………………………………………… ?

On connaît aujourd'hui beaucoup de détails sur les planètes du système solaire car on a envoyé des engins spatiaux les prendre en photo de près.

Question : ……………………………………………………………………

…………………………………………………………………………… ?

On envoie des hommes dans l'espace pour y faire des expériences scientifiques et pour apprendre à y vivre en vue de futurs voyages interplanétaires.

Question : ……………………………………………………………………

…………………………………………………………………………… ?

Oui, il y a des planètes autour d'autres étoiles que le Soleil. C'est un des grands sujets de recherche des astronomes.

Prénom ……………………………… **Tes résultats** ☐ ☐ ☐

La partie de football

Alceste nous a donné rendez-vous, à un tas de copains de la classe, pour cet après-midi dans le terrain vague, pas loin de la maison. Alceste c'est mon ami, il est gros, il aime bien manger, et s'il nous a donné rendez-vous, c'est parce que son papa lui a offert un ballon de football tout neuf et nous allons faire une partie terrible. Il est chouette, Alceste.

Nous nous sommes retrouvés sur le terrain à trois heures de l'après-midi, nous étions dix-huit. Il a fallu décider comment former les équipes, pour qu'il y ait le même nombre de joueurs de chaque côté. Pour l'arbitre, ça a été facile. Nous avons choisi Agnan. Agnan, c'est le premier de la classe, on ne l'aime pas trop, mais comme il porte des lunettes, on ne peut pas lui taper dessus, ce qui, pour un arbitre, est une bonne combine. [...]

Mais là où c'est devenu compliqué, c'est que si Agnan était arbitre, on n'était plus que dix-sept joueurs, ça en faisait un de trop pour le partage. Alors, on a trouvé le truc : il y en a un qui serait arbitre de touche et qui agiterait un petit drapeau, chaque fois que la balle sortirait du terrain. C'est Maixent qui a été choisi. [...]

Après, c'était plus facile, on était plus que seize joueurs. Il fallait un capitaine pour chaque équipe. Mais tout le monde voulait être capitaine. Tout le monde sauf Alceste, qui voulait être goal, parce qu'il n'aime pas courir. [...] Ça laissait tout de même quinze capitaines et ça en faisait plusieurs de trop. [...]

Moi, j'ai eu l'idée de tirer au sort avec une pièce de monnaie. [...] Finalement, les deux capitaines ont été choisis : Geoffrey et moi. [...] C'est à la courte paille que Geoffrey a gagné Eudes. Geoffrey l'a désigné comme gardien de but, il s'est dit que personne n'oserait s'approcher de la cage et encore moins mettre le ballon dedans. [...] On s'est placé sur le terrain.

5. Remplis la fiche de description du match raconté par le Petit Nicolas.

Lieu : ....

Heure de rendez-vous pour le match : ....

Nombre de joueurs dans chaque équipe : ....

Nom du propriétaire du ballon de foot : ....

Nom de l'arbitre : ....

Nom de l'arbitre de touche : ....

Noms des capitaines d'équipe : ....

Noms des goals : ....

L'histoire du football

Le football existe depuis l'Antiquité. Il était présent dans de nombreuses civilisations. Ainsi, à l'époque romaine, on trouve un jeu de balle appelé *harpastum*, ancêtre du football et du rugby. Deux équipes s'y disputaient une outre remplie de sable, les joueurs devant la déposer dans un endroit déterminé.

Au Moyen Âge, le jeu favori des Français était « la soule ». Ce jeu dérivait de l'*harpastum*. Il se jouait avec une boule en bois ou en cuir remplie de foin ou de son, ou encore avec une vessie remplie d'air. Aucune règle précise n'existait alors ; tous les coups étaient permis et les joueurs pouvaient se frapper.

Au début du XIXe siècle, en Angleterre, la pratique du football s'est intensifiée dans les écoles. Les règles du jeu n'étaient pas encore établies de manière définitive. Vers 1848 les premières sont apparues, fixant le nombre de joueurs et la durée du jeu. Elles se sont figées en 1871 pour permettre aux équipes de se rencontrer en compétition.

À la fin du XIXe siècle, les étudiants anglais ont implanté le football dans tout l'empire britannique et en Europe. Ce sport a ensuite gagné l'Amérique du Sud puis l'Afrique au XXe siècle sous l'impulsion des colons.

Depuis 1980, le football s'est également développé aux États-Unis où on l'appelle *soccer*.

6. Barre ce qui est faux.

- Les ballons de foot d'autrefois étaient :
  - une vessie gonflée d'air ;
  - une boule en bois ;
  - un disque de terre cuite.
- Le football et le rugby sont issus du même jeu : l'*harpastum*.
- Dès l'origine, les règles de jeu du football étaient établies précisément.
- Ce sont les colons qui ont apporté le football en Afrique.

Prénom .... **Tes résultats** ☐ ☐ ☐

– Bien sûr ! répond le crayon. Depuis le temps que j'en ai envie !
– Qu'est-ce qu'on va faire ? demande-t-elle. Oh ! j'ai une idée. Je vais dessiner un énorme goûter ! Une brioche, par exemple, avec de la confiture.
– D'accord, fait le crayon ravi.

Émilie dessine alors une brioche joufflue, surmontée d'un chapeau. Puis elle ajoute un pot de confiture d'abricots en prenant bien soin de dessiner les fruits à l'intérieur.

Elle ajoute une petite cuillère, pose le crayon sur son bureau et attend. Au bout de quelques secondes, la brioche commence à enfler, lentement. À côté, le pot et la cuillère sortent à leur tour du papier. Ébahie, les yeux écarquillés, Émilie se trouve attablée devant un succulent goûter.

Henriette Bichonnier, *Émilie et le crayon magique*, ©Le Livre de Poche Jeunesse, 2001.

3. Et toi, que dessinerais-tu si tu étais à la place d'Émilie ?

Si j'étais à la place d'Émilie, ...

....

....

....

....

....

4. Vrai (V) ou Faux (F) ? Écris V ou F.

- Le crayon avait déjà été trouvé par un comptable. ☐
- Le crayon aurait aimé dessiner autre chose que des chiffres. ☐
- Un jour, le comptable a dessiné un téléphone. ☐
- Le premier dessin du crayon est devenu une réalité. ☐
- Émilie dessine une brioche et un pot de gelée. ☐
- La brioche met quelques minutes à devenir réelle. ☐

D'autres outils

5. Écris le nom de chacun de ces objets utilisés pour l'écriture, sous le dessin qui lui correspond.

la plume d'acier – le clavier – le stylet – le pinceau –
le stylo à bille – la plume d'oie

Égypte ancienne

....

Chine ancienne

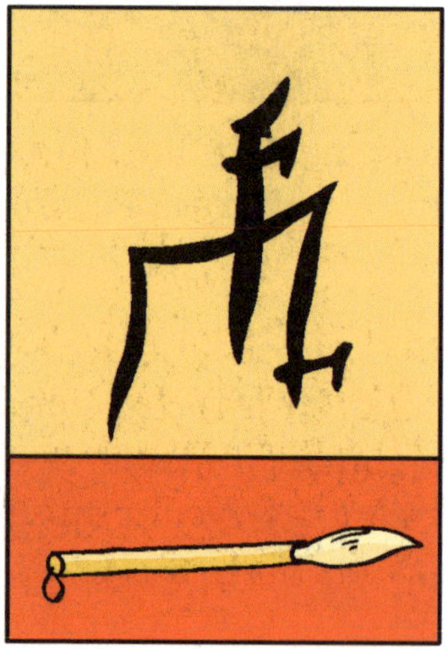

....

Europe XVIIe siècle

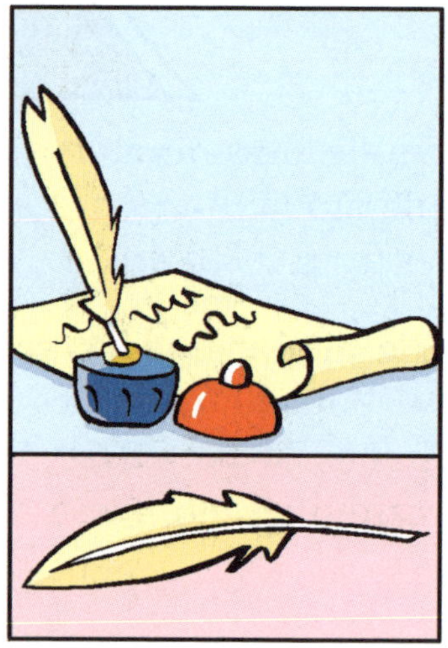

....

1940

....

1970

....

Aujourd'hui

....

Prénom ....

Tes résultats

2. Voici la définition des mots difficiles rencontrés dans ce texte. Retrouve les mots et écris-les au bon endroit.

.... : n. m. Poète des XIIe et XIIIe siècles qui composait ses œuvres dans une des langues d'oc.

.... : n. m. Robe de dessus portée au Moyen Âge par les deux sexes.

.... : n. m. Petit faucon.

.... : n. m. Personne attachée à une terre et dépendant d'un seigneur.

.... : adj. Qui a satisfait sa faim, rassasié.

.... : adj. Sujet à des caprices, à des fantaisies bizarres.

.... : v. Tourmenter moralement.

.... : v. En musique, passer d'un ton à un autre.

.... : n. m. Oiseau ressemblant à l'hirondelle.

.... : adj. Un grand nombre indéterminé.

3. Vrai (V) ou Faux (F) ? Écris V ou F.

- Cette histoire se passe au Moyen Âge. ☐
- Martin est le fils du seigneur. ☐
- Martin entraîne son faucon la nuit. ☐
- Quand le faucon s'envole, il est relié à Martin par un fil. ☐
- Le faucon mange en plein vol. ☐
- Le faucon sait qu'il doit revenir quand Martin fait des signes avec ses bras. ☐
- Martin est sûr que le faucon reviendra se poser sur son bras. ☐
- Martin et son faucon semblent amis. ☐

Attention, danger !

4. Place les mots suivants au bon endroit dans le texte.

aéroports – collisions – décollage – faucons – prédateurs

L'aviation civile enregistre environ 700 collisions avec des oiseaux. 15 % de ces collisions peuvent être considérées comme gênantes pour l'aviation. La plupart des .... ont lieu pendant les phases d'atterrissage et de ...., donc au-dessus des aéroports.

Une expérience a été tentée dans les années 1980 à l'aéroport Paris-Charles-de-Gaulle et à Toulouse-Blagnac. Ces .... ont utilisé des faucons pour effrayer les oiseaux. En présence des .... ou des buses spécialement entraînés à cet effet, les goélands, les étourneaux et les corneilles réagissent instinctivement : ils fuient les ....

Il y a un grand avantage à cette méthode : les oiseaux ne s'y habituent jamais. De plus, cette technique est très écologique.

Prénom .... **Tes résultats** ☐ ☐ ☐

La construction de la Tour

4. Le photographe a noté les dates de chaque photo pendant la construction. Recopie-les dans les étiquettes qui conviennent.

4 juin 1888 – 14 novembre 1888 – 31 mars 1889 – 12 décembre 1887 –

14 octobre 1888 – 10 avril 1888 – 20 janvier 1889 – 10 juillet 1888

Monuments célèbres

5. Écris le nom du monument qui convient.

- Elle fut construite pour protéger la Chine des envahisseurs. Haute d'environ 9 mètres, elle s'étend sur plus de 2 500 kilomètres. Des tours permettaient de faire le guet. On correspondait d'une tour à l'autre par des signaux de fumée le jour et par des feux la nuit.

  C'est ....

- Elles se dressent au bord du Nil. Elles servaient de tombeau aux pharaons d'Égypte. La plus grande fut construite pour Khéops. Plus de 100 000 personnes y travaillèrent pendant 20 ans.

  Ce sont ....

- Elle fut construite pendant le Moyen Âge en France. Elle est connue pour la splendeur de ses vitraux multicolores et ses sculptures.

  C'est ....

- Son inclinaison augmente de 1 à 2 millimètres chaque année car elle a été construite sur un terrain qui s'affaisse. En Italie, on dit qu'elle pourrait tomber dans un siècle !

  C'est ....

- Il enjambe l'entrée de la baie de San Francisco aux États-Unis. Long de 1 280 mètres, il permet le passage des voitures et des piétons.

  C'est ....

Les Pyramides

Le Golden Gate Bridge

La cathédrale de Chartres

La tour de Pise

La Grande Muraille

Prénom ....

Tes résultats ☐ ☐ ☐

2. Barre ce qui est faux.

Charlie Chaplin est né aux États-Unis. Il est issu d'une famille de riches commerçants. Ses débuts au théâtre sont difficiles. Charlie et son frère partent en Amérique. Un réalisateur de cinéma le remarque.
À l'époque, les films sont muets. Charlie joue le rôle d'un vagabond bavard et moqueur. Son costume, il le trouve en fouillant dans un coffre de déguisements. Ce personnage célèbre, il le nomme Charlot.
Dans ses films, Charlot dénonce les misères de son époque.

3. Décris le costume de Charlot.

....

....

....

....

....

4. Cite trois titres de films de Charlie Chaplin.

....

....

....

5. Dans ses films, Chaplin dénonce les misères de son époque. Quel est le sens du verbe dénoncer dans cette phrase ?

- ☐ Donner le nom de quelqu'un comme coupable.
- ☐ Faire connaître au public en critiquant.

6. Note ce qu'il dénonce dans ses films. Donne des exemples.

....

....

....

....

....

....

Un enfant de la balle

Je me souviens, j'étais dans les coulisses quand la voix de ma mère se brisa pour n'être plus qu'un souffle. Le public se mit à rire, à siffler... Lorsqu'elle regagna les coulisses, elle était bouleversée et elle discuta avec le directeur de scène qui, m'ayant vu chanter devant des amis de ma mère, dit qu'on pourrait me laisser occuper les planches à sa place.

Au milieu du tohu-bohu, je le revois me conduisant par la main et, après quelques mots d'explication au public, me laissant seul en scène. Et, devant l'éblouissement des lumières de la rampe, je commençai à chanter, accompagné par l'orchestre.

Au beau milieu de la chanson, une pluie de pièces de monnaie se mit à tomber sur la scène. Je m'arrêtai aussitôt pour annoncer que j'allais ramasser l'argent d'abord et chanter ensuite. Cela fit beaucoup rire. Le directeur de scène arriva avec un mouchoir pour m'aider. Je crus qu'il allait garder l'argent. Les spectateurs comprirent mon appréhension et n'en rirent que davantage, surtout quand il disparut avec le mouchoir et que je lui emboîtai le pas d'un air inquiet. Je ne revins pour reprendre mon numéro que lorsqu'il eut remis l'argent à ma mère.

Charlie CHAPLIN, *Histoire de ma vie*, © Éditions Robert Laffont, 2002.

7. Vrai (V) ou Faux (F) ? Écris V ou F.

- Dans ce texte, Charlie Chaplin raconte un souvenir d'enfance. ☐
- Il explique comment il est monté sur scène pour la première fois. ☐
- Sa mère, qui est acrobate, se casse une jambe sur scène. ☐
- Sa mère, qui est chanteuse, est victime d'une extinction de voix. ☐
- Le petit Charlie chante avec succès à la place de sa mère. ☐
- Le public le récompense en lançant des pièces sur la scène. ☐
- Charlie craint que le directeur de scène ne lui prenne son argent. ☐
- Finalement, le directeur garde l'argent pour lui. ☐

Prénom .... **Tes résultats** ☐ ☐ ☐

L'araignée tisse sa toile

6. Numérote les textes en fonction des dessins.

☐ Enfin, l'araignée construit une grande spirale avec des soies gluantes. Celle-ci servira de véritable piège pour ses proies.

☐ L'araignée fabrique d'abord un long fil dont elle laisse l'extrémité s'accrocher, au gré du vent, sur un support voisin.

☐ Ensuite, d'autres fils sont fabriqués de la même façon afin de former le cadre de la toile. L'araignée tisse alors des fils qui se croisent comme les rayons d'une roue.

☐ Une fois les rayons de la toile terminés, l'araignée revient au centre de sa toile et construit une petite spirale.

L'araignée du goûter

Araignée du matin : chagrin
pensait un bébé coccinelle
cherchant à libérer ses ailes

Araignée du midi : souci
grognait un rat dans son chagrin
de voir un chat près de sa belle

Araignée du soir : espoir
disait au briquet l'étincelle
mourant dans le vent du jardin.

Mais l'araignée dans sa nacelle
prisonnière à vie de sa faim
rêvait qu'elle était une hirondelle.

Pierre Béarn, extrait de *Les Animaux et leurs poètes*, © Albin Michel Jeunesse, 1998.

7. Écris un poème à la manière de Pierre Béarn. Illustre-le.

– Araignée du matin : chagrin

....

....

– Araignée du midi : souci

....

....

– Araignée du soir : espoir

....

....

....

....

....

Prénom ....

Tes résultats

nie

dans l'océan...

, son débit est...

’.

poumon du monde »

y respire.

ui y est produit.

lage des grands

du sol, il fait...

re.

nifiques poussent sans
...

nt...

La jungle amazonienne

De nombreuses espèces animales et végétales se répartissent selon les étages de la forêt. Quelques arbres géants atteignent 60 mètres ; ils dominent la forêt qui ne dépasse guère 35 mètres et forment une véritable voûte sous laquelle règne une obscurité constante. Sur cette voûte, vivent les oiseaux, les singes et les serpents. En dessous, lianes, arbustes et fougères forment un fouillis inextricable.
Au sol, où la lumière parvient à peine, poussent des plantes naines, des mousses, des champignons, dans l'enchevêtrement des racines.

Un grand parc zoologique

Sur la voûte des arbres, à la lumière, des plantes aux fleurs magnifiques, comme les orchidées, se développent sans contact avec le sol et forment de véritables jardins suspendus.
Sur les eaux s'épanouissent jacinthes et nénuphars. La forêt amazonienne est un fantastique **zoo naturel** abritant tout un monde animal : insectes (80 % des espèces du monde), poissons (dont les redoutables piranhas carnivores), amphibiens et reptiles, oiseaux et mammifères, herbivores comme le tapir, ou carnivores comme le jaguar.

Une région menacée

Au XVIe siècle, les Indiens d'Amazonie étaient entre 5 et 15 millions selon les estimations. En 2010, la population indienne était estimée à plus de 800 000.

Ce nombre réunit en fait des groupes très différents, parlant des langues variées. Très peu d'entre eux vivent encore en tribus.

Les Indiens d'Amazonie sont protégés officiellement par le gouvernement brésilien, mais la forêt riche en ressources naturelles – bois précieux, caoutchouc, or, fer, émeraudes, diamants, pétrole… – attire bien des convoitises Le déboisement et la pollution menacent la forêt de destruction. Cela transformerait cette région en désert et pourrait avoir des conséquences graves pour toute la planète.

5. Réponds aux questions.

- Pourquoi l'Amazonie est-elle exploitée ? ....

....

....

- Quel peuple est menacé ? ....

- Quels dangers menacent la forêt ? ....

....

....

....

Prénom ....

Tes résultats ☐ ☐ ☐

1. Lis.

C'est parti pour l'école !

Drrrriiing !
Il est l'heure de te lever.
Dessine les aiguilles du réveil pour indiquer l'heure à laquelle tu te réveilles pour aller à l'école.

Que prends-tu pour le petit déjeuner ? Écris ton menu.

....

....

....

....

Ton cartable est prêt. Écris ce que tu as rangé à l'intérieur.

Tu pars pour l'école : quel moyen de transport utilises-tu pour t'y rendre ?

....

Combien de temps dure ton trajet ? Coche.

☐ Moins de 10 minutes. ☐ Entre 10 et 20 minutes. ☐ Plus de 20 minutes.

2. Complète la grille.

Mots croisé

18

6

19
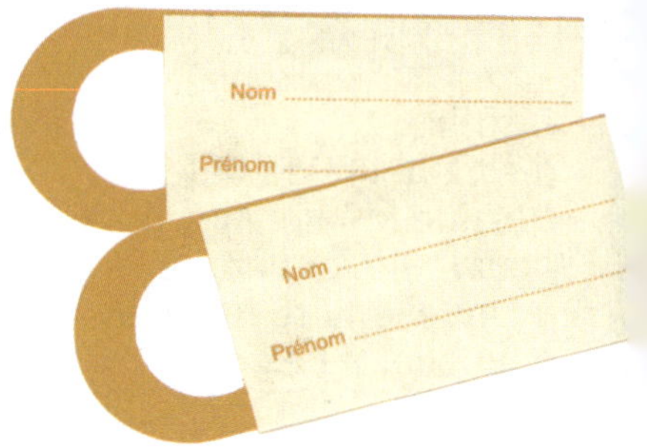

7

16

1

8

22

12
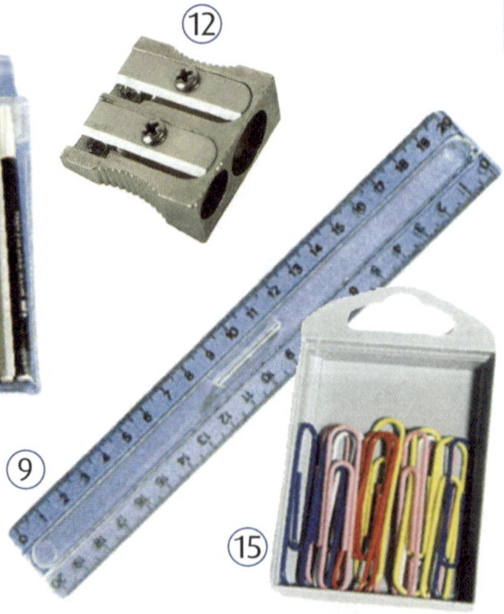

9

15

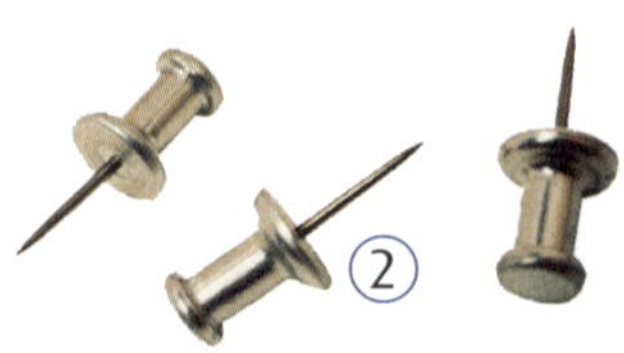
2

10

pécial rentrée

13

14

21
5

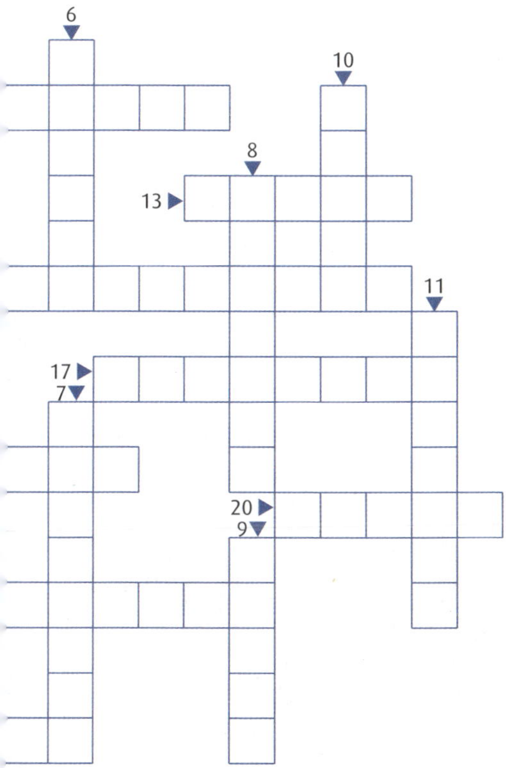

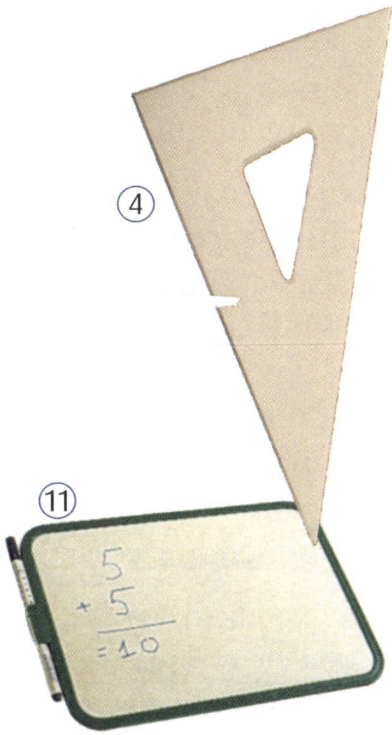
4
11

20

3

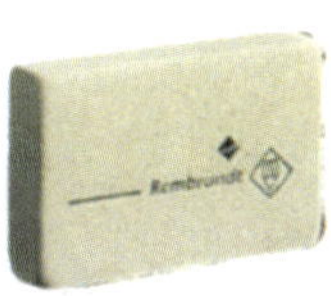
23

17

Jour de rentrée

3. Barre les douze mots intrus qui se sont glissés dans ce texte.

8 h 10. Coline se présente devant la porte de son école râpée. Aujourd'hui, comme c'est un grand jour, son père a décidé de l'accompagner avant d'aller travailler. Il est un peu inquiet : dans quel CM1 sera sa fille ? Aura-t-elle un maître ou une maîtresse ? Retrouvera-t-elle des amis ? Coline, elle, ne se fait aucun souci. Du regard, elle cherche ses copines en clochant parmi les élèves qui arrivent avec leurs parents.

8 h 15. Madame Toinette, la gardienne de l'école, ouvre les portes. Dans le hall, le directeur ensemble accueille les nouveaux inscrits désorientés. Coline, elle, connaît les lieux par cœur. Elle sait où aller, où retrouver ses copines qui l'attendent sûrement combien déjà dans la cour. Mais comme c'est un grand jour, Papa a décidé de la suivre.

8 h 20. Un flot d'élèves se déverse dans la cour. Des groupes être commencent à se former. Ses copines se sont toutes réunies : Coline aimerait bien les rejoindre entièrement, mais son père est encore là, occupé à répéter ce qu'il lui a déjà dit tout à l'heure dans la voiture : « rester à la cantine le lundi midi, s'inscrire à l'étude le jeudi soir, ne pas oublier le nôtre son matériel… »

8 h 25. Papa est toujours dans la cour. Alors, Coline décide de faire le raccompagner vers la sortie. « Je sais, Papa, c'est un grand jour. Mais tu comprends, je ne suis plus au CP ; tu peux aller travailler sans t'inquiéter. » Papa hésite, il aimerait possible bien rester encore un peu. Mais il embrasse sa grande fille et lui souhaite une bonne journée.

8 h 30. Coline retrouve enfin ses copines. Elles ont tant de choses à se dire, à se raconter, à se montrer perdu… Quand la sonnerie retentit, elles sont tout excitées à l'idée de commencer une nouvelle année scolaire dans une nouvelle classe. Vive la rentrée !

Prénom ....

Tes résultats